KEPU ZUOWEN

青少年科普作文集

主 编 陈夏法

浙江科学技术出版社

图书在版编目（CIP）数据

青少年科普作文集 / 陈夏法主编 . — 杭州 : 浙江科学技术出版社，2020.6

ISBN 978-7-5341-9034-6

Ⅰ . ①青… Ⅱ . ①陈… Ⅲ . ①作文 – 中学 – 选集 Ⅳ . ① H194.5

中国版本图书馆 CIP 数据核字（2020）第 102001 号

书　　名　**青少年科普作文集**
主　　编　陈夏法

出版发行　**浙江科学技术出版社**
杭州市体育场路 347 号　邮政编码：310006
办公室电话：0571-85176593
销售部电话：0571-85062597
网　址：www.zkpress.com
E-mail：zkpress@zkpress.com
排　　版　杭州立飞图文制作有限公司
印　　刷　杭州富春印务有限公司

开　本	710 × 1000　1/16	**印　张**	7
字　数	115 000		
版　次	2020 年 6 月第 1 版	**印　次**	2020 年 6 月第 1 次印刷
书　号	ISBN 978-7-5341-9034-6	**定　价**	25.00 元

责任编辑　方　裕　　**责任校对**　赵　艳
责任美编　金　晖　　**责任印务**　田　文

《青少年科普作文集》编委会

前 言

2016年9月，杭州市科普作家协会与杭州市少年儿童图书馆合作开办了青少年科普创作实验课堂，定期邀请资深科普作家给青少年进行科普讲座和科普创作指导。

自开课以来，听课人数越来越多，创作热情也愈来愈高。一支科普小作家的队伍已初见雏形，他们中的优秀作品已具备编辑成书的条件，出书计划得到了杭州市科学技术协会和杭州市科普作家协会的大力支持，并已列入科普资助项目。

我们相信，通过出版本书，有利于在青少年中普及科学知识，培养他们从小就懂得“用科学引领生活，用科学指导生活，用科学创造生活，用科学改变生活”的理念，同时也有利于吸引更多的青少年参与到科普教育的队伍中来，把科普教育面向青少年的工作真正落到实处。

编 者

2019年12月

目录

科普童话篇

观察日记篇

科学小品文篇

科幻小说篇

科普童话篇

1. 太阳发烧了

杭州市嘉绿苑小学　汪子一

很久很久以前，有个叫宇宙的地方，那里生活着无数的星孩子，他们都是宇宙妈妈的宝贝。

有一个叫太阳的孩子长得特别魁梧，他喜欢弟弟妹妹们，却用惹是生非的方式引起他们的注意。结果，弟弟妹妹们都躲得他远远的。弟弟妹妹们越躲着他，太阳就越想引起弟弟妹妹们的注意，就越要欺负他们。

终于，宇宙妈妈看不下去了。她指着织女星对太阳说："瞧，这是织女星姐姐，她比你大四倍，却从来不欺负比她弱小的弟弟妹妹们，你应该向姐姐学习！"

"哼！"太阳一甩头，不以为然地冷笑一声，就只管自己跑去玩了。

后来，宇宙妈妈又叫来了大角星、五车二、毕宿五，甚至把比太阳大二千四百倍的仙王座 VV 星也叫来了。但不管宇宙妈妈和大家怎样苦口婆心，太阳依然我行我素。宇宙妈妈实在拿他没办法，只好把太阳关进房子里，免得他再惹是生非。

太阳失去了自由，感到更孤独了，心里又不服气，就越来越狂躁不安。这时候，他身体的温度开始发生奇妙的变化，慢慢地越升越高，最后变成了一个大火球，把囚住自己的房子都烧毁了。

就在这时，太阳发现身旁围了好多弟弟妹妹们，有水星、金星、地球、火星、木星、土星、天王星和海王星。以前你们不是一见到我就溜吗？太阳简直不敢相信自己的眼睛。

"太阳哥哥，你发烧了吗？怎么变得又红又热呢？"地球弟弟关切地问道。

“我也不知道是怎么了……”太阳伤心地问，“我是不是变丑了？”

“不丑、不丑，我们喜欢现在的你！”8个弟弟妹妹一起安慰道。

“你这么热，能温暖我们，你的光亮还能让我们在这个黑暗的宇宙里不迷路呢！”地球弟弟微笑着说道，“我们以后天天缠着你，哈哈！”

听了他们的话，太阳非常开心。想到自己以前错误的行为，太阳又羞愧地低下了头。

从此以后，太阳身旁总有8个弟弟妹妹围着他转，太阳再也不欺负他们了，再也不孤单了！

点评

这篇习作不是单纯的科普文，竟然还探究了儿童心理——太阳靠欺负人来引起注意，这不正是现实生活中个别孩子的错误行为吗？最难能可贵的是，小作者不仅指出现象，还提供了解决办法：只有温暖别人、帮助别人，才能得到真正的友谊。

2. 蚕宝宝和小蜗牛

杭州市余杭区星桥第一小学　谢欣妍

在一个开满野花的山坡上，小蜗牛一家生活在桑树下的草丛里。

有一天，蜗牛妈妈对小蜗牛说："出去玩玩吧，给自己找个好朋友。"小蜗牛爬得很慢很慢，好久才爬出草丛。抬头望见枝繁叶茂的桑树，小蜗牛伸了个懒腰，正想缩回壳里休息一会儿，突然看到一片桑叶上有一个黑黑的、瘦小的家伙，比蚂蚁还小，小到不易察觉。

小蜗牛赶忙热情地打招呼："你好，小不点！"

"你好，我不是小不点，我是蚕宝宝，今天刚刚出生。"小家伙回答。说完，蚕宝宝用自己的一排小脚抱紧嫩绿的桑叶，津津有味地吃了起来。

"我家就在草丛里，我们做好朋友吧。"小蜗牛很喜欢这个刚出生的邻居。

"好啊好啊，这样我们就能一起玩了！我没准备什么礼物，请你吃桑叶吧。"

"谢谢你，桑叶留给你吃，我可以吃草叶。"就这样，小蜗牛和蚕宝宝成了好朋友。小蜗牛一有空就爬出草丛来看蚕宝宝，要蜗牛妈妈叫上好几遍才肯回家。

蚕宝宝是个"贪吃鬼"，眼睛一睁开就开始吃，而且是日夜不停地吃，一直发出"沙沙沙"很细微的吃桑叶的声音。

不知不觉，一星期过去了。一大早，小蜗牛又爬出草丛来找蚕宝宝，但奇怪的是没听到蚕宝宝吃桑叶的声音。"蚕宝宝，你怎么了？生病了吗？"没有听到蚕宝宝回答，小蜗牛赶紧抬头四处寻找，只见蚕宝宝在一片桑叶上高昂着头，一动也不动，小蜗牛都吓哭了。

蜗牛妈妈听到了，爬过来抚着小蜗牛的壳，说道："孩子，不用担心，蚕宝宝在睡觉,这一觉要睡一天多呢！"小蜗牛这才知道蚕宝宝和自己一样也要休眠，第一次睡觉叫"头眠"，蚕宝宝高昂着头睡觉是便于血液流遍全身。

第二天下午，小蜗牛刚爬出草丛，就听到了"沙沙沙"的声音。一定是蚕宝宝醒了！小蜗牛心想。

抬头看去，这是一只绿的蚕宝宝。"你是刚来的吧？我那个黑色的朋友去哪儿了呢？"小蜗牛伤心地问。

蚕宝宝回答说："我就是你的朋友啊，我把黑衣服换成绿衣服了。"

"哈哈哈！"隔壁蜥蜴伯伯正好路过，说，"小蜗牛，有首歌儿这样唱：蚕宝宝真稀奇，小时候穿黑衣，一觉醒来蜕层皮，一身黑衣变绿衣。"小蜗牛这才转悲为喜。

花朵悄悄地绽放,树叶静静地生长。蚕宝宝经历了"二眠""三眠"和"四眠"，越长越大，最后换上了一身雪白的衣裳。

这天，蚕宝宝依依不舍地对小蜗牛说："我要做茧了，不能和你在一起玩了。"蚕宝宝吐出薄薄的、灰白色的丝，一点一点地把自己裹在里面，最后变成了蛹，在"丝绵窝"里美美地睡着了。

小蜗牛每天都守护着这个茧，它心里充满了希望：等蚕宝宝醒来，就又能一起玩了。令人担心的是：到那时候，小蜗牛会不会被自己的朋友吓一跳呢？

点评

这篇习作从蜗牛的视角介绍了蚕宝宝传奇的一生。同时，有一种不经意、不刻意的温暖，淡淡地透过故事传递到读者的心中。这份温暖来自蜗牛和蚕宝宝之间纯真的友谊。

3. 蚂蚁王国游记

杭州天杭教育集团　金玥

午后暖阳下，我被花园里一列蚂蚁吸引了：它们在忙忙碌碌地扛一只大虫子！看它们那吃力的样子，我不由得想上前帮一把。一只蚂蚁冲我点了点头。突然，我快速缩小，身体变得跟那列蚂蚁一般大！

我正着急，忽然听到那只蚂蚁对我说："欢迎来到蚂蚁王国！为感谢你的帮助，特邀你参观我们的王国，保你大开眼界！"我暗自发笑：小小蚂蚁口气真大！人类五千年历史，创造了璀璨的文明，蚂蚁王国能有什么好让我开眼界的呢？

小蚂蚁再次开口道："我们蚂蚁比人类早出现很久，和一亿年前的恐龙同岁呢！"啊？庞大的恐龙没能适应环境的变化灭绝了，而小蚂蚁却存活下来了，还成为群居动物中种类最多、生存数量最大的昆虫。这一定有它的独特之处，我倒要深入了解一番。

小蚂蚁带我钻入地下通道，原以为只是一个简陋的地下室，没想到居然是一个冬暖夏凉、功能齐全的安乐窝，有育儿室、食物储藏室、蚁后室等。

我看不到有谁在指挥，但蚂蚁们井然有序地工作着。看着我赞赏的目光，小蚂蚁娓娓道来："蚂蚁王国中最权威的是蚁后，它个头最大，是所有蚂蚁的妈妈。""那蚁皇呢？它难道没实权？"我好奇地问。小蚂蚁笑着说：“是蚁父，不是蚁皇，它们是服务蚁后的。”我瞪大了眼睛：原来蚂蚁王国是母系社会啊！

我指着众多忙着运送食物的大部队问：“这些士兵是？”小蚂蚁笑着回答：“它们不是士兵，是王国中数量最多的工蚁，是没有生育能力的女性。建造王国、寻觅食物、伺喂幼蚁及蚁后等都是它们的任务。出口处常见的‘土堆’，就是它们清除出来的脏东西。”

我看到几只威武的蚂蚁在帮忙拖大虫子，便抢着说：“这肯定是兵蚁了！”小蚂蚁点头：“对，平时它们负责保护蚁后，在有入侵者或者搬运大块食物时才出来。”

听到前面有欢呼声、呐喊声，我跑过去一看，原来是一群蚂蚁在进行比赛，有举重、快速闯迷宫等。我参加了举重比赛：哈哈，小蚂蚁们，让你们见识下我们人类的厉害！我想举一块跟我差不多大小的泥土，举了半天，泥土纹丝不动；而蚂蚁却举起了比它身体重好几倍的石块！

小蚂蚁看我很尴尬，便安慰道：“你们人类举重极限是自身重量的 3 倍，而我们蚂蚁可以举起自身 50 倍的重量呢！”

唉，在闯迷宫比赛中，我更是惨败：迷路了！而蚂蚁们个个熟门熟路，顺利走出了迷宫！

蚂蚁王国不容小觑，这使傲慢的我顿生谦卑之心！一阵感叹后，我开始担忧：小小的我还能恢复如初回到亲朋好友身边吗？

点评

这是童话版的《傲慢与偏见》。世界名著《傲慢与偏见》讲的是男女主人公由于傲慢与偏见，差点错过了美满姻缘。本文与之有异曲同工之处——傲慢的人类改变了对蚂蚁的看法。

4. 伸着长舌头的小狗

杭州市行知小学　何其骏

夏天到了，太阳像火炉一样炙烤着大地，马路滚烫滚烫，花草被晒得低下了头，人们也打不起精神，真是热极了。

小狗第一次出来逛街，跑来跑去很开心。可不知什么原因，它一直张着嘴，伸着长长的红舌头，看上去像凶神恶煞似的。猫警长拉长了脸，说:“喵，快把舌头收回去！”可是没一会儿，小狗的舌头又不受控制地伸了出来，还不停地来回抖。这下猫警长生气了，严厉批评小狗不懂礼节。小狗委屈地跑开了。

这时，正好一只小鸭子路过，一见小狗伸着红红的舌头，以为小狗要大开杀戒，便扑棱着翅膀逃之夭夭。小狗被小鸭突然的举动吓一大跳，惊慌中撞上从草丛里抬起头的小兔子，小兔子惊得连续两个后滚翻。小狗的舌头伸

得越发长了，还“呼哧呼哧”地喘着粗气！

小狗跑回家，向妈妈哭诉：“妈妈，为什么我的舌头缩不回去？”妈妈轻声安慰道：“宝贝，我们的皮肤没有汗腺，夏天只能张口伸舌，靠急速喘气来大量蒸发口中的液体，借此调节体温。你多跟小动物朋友们解释解释，它们就不会害怕你伸出长舌头了。”

小狗点点头，又欢快地跑出去玩了。

|点评

很多小朋友对小狗夏天时吐舌头的现象习以为常，很少会想到去探究原因。本文小作者却非常善于挖掘素材，竟然将此拿来编成童话，同时向读者科普了小狗夏天吐舌头的原因。

5. 蝎子洞惊魂记

杭州市濮家小学　俞子祺

星期日，爸爸妈妈不在家，我看电视的时候，按错了遥控器按键，上面写着两个醒目的红字：变小！遥控器放出万丈金光，接着，我变得比蚂蚁还小了！

我被一只大甲虫追得满地乱跑，突然脚下一滑，掉进了一个无底洞。洞里住着一只大蝎子，蝎子有 8 只脚、2 只大螯。最恐怖的是它的尾巴，披着铠甲，里面还藏着一根毒针！它正用大螯牢牢钳住一只小飞虫，小飞虫拼命地扑棱着翅膀，试图挣脱。大蝎子翘起尾巴，露出毒针，对准小飞虫的中枢神经一针扎了下去。随着毒液慢慢进入小飞虫的全身，小飞虫挣扎的动作变得越来越迟缓。等到小飞虫完全停止了挣扎，大蝎子才不慌不忙、津津有味地享用起它的大餐。吃完后，它开始闭目养神。我想：食量真小！

突然，我的鼻子痒痒的，“阿——嚏！”我打了一个大喷嚏。紧接着，震耳欲聋的脚步声从洞底传来。糟了，我惊动了大蝎子！看着它那狰狞的面孔步步逼近，我不禁倒吸了一口凉气，连忙转身狂奔。正当大螯快要钳住我时，我的脚绊到了遥控器。遥控器显得巨大无比！我迅速攀爬上去，拼尽全力用整个身体压住“变大”键……千钧一发之际，遥控器又放出万丈金光。我很快变大，身体恢复如常，那个蝎子洞也不知去向了。

我正沾沾自喜，忽然，门外传来了钥匙开锁的声音。糟糕，作业还没完成！

点评

小作者的视角如同一台微型摄像机，带我们深入神秘的洞中世界，细致入微地描写了蝎子捕食的一瞬间，那高高擎起的尾针令人不寒而栗。

6.“善变”的牵牛花

杭州市翠苑第二小学　张怡

一个阳光明媚的下午，小白兔跳跳一蹦一跳地去找好朋友小乌龟爬爬玩。

跳跳说：“爬爬，听说草坪上有许多蓝色的牵牛花，我们一起去赏花吧！”

“好啊，好啊！”爬爬愉快地答应了。

爬爬刚说完，跳跳就一溜烟不见了。

爬爬还没爬出多远，跳跳已经跑回来了，他兴奋地说：“我看见蓝色牵牛花了，可美了！你呀，快点快点，真受不了你，这样磨磨蹭蹭！”

爬爬加快步伐往草坪爬去，爬得气喘吁吁。在太阳下山的时候，总算爬到了。可是，蓝色的牵牛花在哪儿呀？他看到的是耷拉着脑袋的粉色牵牛花。

爬爬气呼呼地往回爬。等他到家，小伙伴们都要睡觉了。

跳跳迫不及待地问：“你看见蓝色牵牛花了吗？好看吗？”爬爬没好气地回答：“别骗我了，哪有什么蓝色牵牛花！明明是粉色的！”

恰在这时，猫头鹰博士路过，听到这话，哈哈大笑："别吵别吵！牵牛花里面含有花青素，遇酸会变红色，遇碱会变蓝色。阳光强烈时会变蓝色，阳光弱时会变红色。这是因为阳光强时，光合作用增强，二氧化碳减少，酸性减弱，碱性增强，所以呈现出蓝色。阳光弱时，光合作用减弱，二氧化碳增加，酸性增强，碱性减弱，所以呈现出红色……"

哦！爬爬拍拍自己的脑袋，"嘻嘻"地笑了："原来花还会变色呢！"

点评

借助小白兔和小乌龟的快慢之别，巧妙地打了个时间差。正是这个时间差引出牵牛花的蓝粉之争，再由知识渊博的猫头鹰博士出面解释牵牛花变色的科学原理，整篇文章构思巧妙，一气呵成。

7. 孢子找新家

杭州高新实验学校　周冉

这天，在亚马孙雨林里，蘑菇宝宝——孢子们到了离开妈妈的时候了，它们在一起热烈地讨论该去哪里安家。

无花果在树上大喊："瞧，我们果树长得多高呀，这全是阳光的功劳。你们长得太矮了，还是跟着我来向阳的地方住吧！"有些孢子宝宝听了很心动，飘向无花果树，想蹭点阳光。

一只切叶蚁匆匆忙忙跑来："我们那儿可是蘑菇的天堂。我们会把树叶堆砌起来，固定在适宜位置，有专门的厨师来给你们制作美食。这些食物富含酶类营养物，那可是你们的最佳营养品。"有些孢子听了大为心动，马上飘向切叶蚁的窝。

其余的孢子选择听妈妈的话，飘落到了阴暗潮湿的地方与腐木为伴。

住在无花果树上的孢子们拼命吸收着阳光，梦想着和果树一样高大，可身子感觉越来越干渴无力，菌丝被压得怎么也长不出来，最终走向了枯萎。它们这才想起妈妈的话：蘑菇是一种腐生真菌，无法进行光合作用。

日子一天天过去，住在切叶蚁窝的孢子们吃着营养餐，菌丝生长迅速，很快长出了硬硬的菌盖。它们心里美滋滋的。就在这时，一群切叶蚁蜂拥而至，大口咀嚼起菌盖。不一会儿，这些小蘑菇被吃得一干二净，再也没有机会孕育自己的孢子宝宝了。

住在阴暗角落与腐木为伴的孢子们吸收了土壤和腐木的养分与水分后，菌丝生长迅速，子实体迅速伸展开来。它们最终有了自己的孢子宝宝，过上了和妈妈一样子孙满堂的幸福生活。

点评

这个科普小故事有着深刻的教育意义：不要盲目听信别人的话。

8. 鳄鱼与燕千鸟

杭州市翠苑第一小学翠苑校区　黄显懿

小米粒儿个头并不小，他是一条吃肉的大鳄鱼，但是他从不吃燕千鸟。这得从鳄鱼小米粒儿一次牙疼说起。

一天，鳄鱼小米粒儿刚刚吃完一只大羚羊，吃得满嘴流油，肚皮滚圆滚圆的，趴在家里休息。这真是舒服的一天啊，鳄鱼小米粒儿惬意极了。突然，鳄鱼小米粒儿的牙齿开始痛了，而且越来越痛。鳄鱼小米粒儿疼得满地打滚儿，呻吟不止："牙医！我需要牙医！"

一头水牛恰巧来到河边喝水，鳄鱼小米粒儿有气无力地问："水——水牛，你能帮我剔牙吗？"

"哼！"水牛一看是鳄鱼小米粒儿，两个鼻孔立马直冒气，像个蒸汽火车头，"你吃掉我那么多朋友，我怎么会帮你？"说完，"蒸汽火车头"一路"呼

呼”冒着气，管自己喝水了。

这时，一只羚羊也来到河边找水喝。鳄鱼小米粒儿赶紧游过去求助。可还没开口，羚羊就好像看到了死神，惊得直跳起来，四只脚在鳄鱼小米粒儿头上乱蹬，霎时跳回高高的河岸。那一刻，鳄鱼小米粒儿的内心是崩溃的。

“我的天哪，是鳄鱼！”羚羊边跑边叫。

“别慌，他牙疼，吃不了你！”水牛抬头笑着说。

一只燕千鸟一听，马上拍拍翅膀，朝鳄鱼小米粒儿飞去。

水牛在他身后喊：“燕千鸟，你可千万别去呀！连我们都会被他吃了，更别说你了！你这小小的身材，还不够他塞牙缝呢！”

“没事儿，我是去和他做朋友的。”燕千鸟说。

燕千鸟飞到鳄鱼小米粒儿的嘴边，用翅膀轻轻拍了拍鳄鱼小米粒儿的嘴。鳄鱼小米粒儿张开了嘴，燕千鸟“嗖”地飞进去。大家都倒吸了一口冷气：“这家伙太傻了，白白送掉性命！”

燕千鸟把嵌在鳄鱼小米粒儿牙缝里的残渣挑拣出来，先把小骨头扔掉，再把小肉条吞进肚子里。燕千鸟飞进飞出地忙碌着，鳄鱼小米粒儿的牙齿不痛了，燕千鸟也吃饱了。原来，燕千鸟就是鳄鱼的牙医！

为了感谢燕千鸟，鳄鱼小米粒儿不但与燕千鸟结为朋友，还送了燕千鸟一个雅号：牙签鸟。

点评

小作者通过讲述燕千鸟给鳄鱼小米粒儿治牙病的小故事，让大家了解了燕千鸟与鳄鱼的共生关系，颇为有趣。

9. 没福气的“福气”

杭州市饮马井巷小学　宋金昊

大家好，我叫福气，生活在非洲。我最喜欢在水边欣赏自己的倒影啦！点缀着黑色斑点的浅金色皮毛，像桥拱一样弯曲的脊背，小巧精致的呈流线型的头部，纤细而强健的腿，又长又有力的尾巴……这样的身体结构让我的奔跑时速超过 110 千米，这可比人类百米世界冠军都要快 3 倍呢！我才是当之无愧的短跑冠军！

我鼻子两边各有一条明显的“泪痕”，别以为没用，正因为有了“泪痕”，我的视野才更加开阔！我和宠物猫同属猫科，但我瞧不起他们——他们饭来张口，衣来伸手，整日养尊处优；而我，从不把爪子完全收回肉垫里，因为要随时搏击，自食其力！

说起来还有些难为情，我这么一个威风凛凛的大人物，因为他喉部没有弹性韧带，不能发出王者吼声，而只能像小鸟一样叫。

现在，猜到我是谁了吧？没错，我是猎豹，一头速度超快、运气超差的猎豹。

有天早上，我被饥饿唤醒，打着哈欠去找吃的，没多久就发现了一只落单的羚羊！我小心翼翼地匍匐着接近他。羚羊毫无戒备，一点儿都没发现危险的降临，还在不慌不忙地吃草。在距离他约50米的时候，可能是我的气场过于强大，他开始感觉到不安，犹豫着是不是要逃离。我急忙跳了出来，发起进攻！如果长时间奔跑，我就会因体温骤升而丧命，所以我只宜速战速决，不能打持久战。我看见一块大石头，哈哈，天助我也！我除了是短跑冠军，跳跃能力也一级棒！以力借力，我一下就扑到羚羊身上，上下颌像钳子一样把他的脖子钳住，几分钟后他就窒息死亡。啊哈，美餐到手！

我正想稍微喘口气，再把羚羊拖回去享用。可我那群可恶的天敌——卑鄙的鬣狗又趁狗多势众，且我已体力耗尽之时来抢夺我的战果了！天啊，我辛辛苦苦捕杀的美味，就要被他们不劳而获了！

我愤怒！我伤心！我难过！我要抗争！可现实是，我只能丢下美食，含着热泪落荒而逃。

唉，叫啥“福气”？马上改名！

点评

故事情节跌宕起伏，尤其是鬣狗抢食更是将情节推向高潮，使读者忍不住为猎豹扼腕叹息。

10. 瓢虫联盟

杭州高新实验学校　来梓涵

瓢虫是一个非常庞大的家族，有 5000 多种成员。同一家族本该相亲相爱，但有些瓢虫种族之间老死不相往来。这里面究竟有什么恩怨情仇呢?且听我细细道来。

几千年前，七星瓢虫们非常富裕，拥有一片很大的土地和植物，他们经常和蚜虫作战，保卫自己的家园。所有的七星瓢虫都是战士，他们天生勇猛，刚出生的幼虫就能吃掉蚜虫兵丁。

后来，其他种类的瓢虫也来到了这里，有二星瓢虫，有六星瓢虫，还有十二星瓢虫……七星瓢虫很热情地接纳了他们，大家决定结盟，共同消灭蚜虫。

可是，好景不长，七星瓢虫们发现了一些异常——产在叶子上的七星瓢虫宝宝和叶子不断失踪。

负责守城的七星瓢虫到失踪现场蹲点守候，经过核查，发现竟然是十一星瓢虫和二十八星瓢虫经常光顾失踪现场。审问后，终于查出了真相：原来，十一星瓢虫和二十八星瓢虫也像蚜虫一样喜欢吃叶子，它们早已和蚜虫勾结，先派了一批间谍混进来搞破坏，为以后的总攻做准备。

七星瓢虫非常生气，就向全城发了告示：驱逐十一星瓢虫和二十八星瓢虫！

此后，瓢虫世界分裂成了两大阵营，互不来往。七星瓢虫只与二星瓢虫、六星瓢虫、十二星瓢虫、十三星瓢虫和大红瓢虫结为同盟，精诚合作。

点评

本文堪称是儿童版的《江湖恩仇录》，连瓢虫都会玩间谍战呢！小作者在刀光剑影中为读者科普了瓢虫世界的两大阵营，真是恩怨分明。

11. 诱捕星鼻鼹鼠

杭州市古荡第一小学　徐菁

最近，小狐狸阿黄时运不济，一连好几天都没有打到猎物。“再这样下去，我都要忘了肉是什么味道啦！”想到这里，阿黄心中一阵酸楚，泪水在眼眶里打转。

这天，阿黄依旧空手而归。正当他心灰意冷地往家走时，突然发现路边有一朵粉红色、肉肉的“小花”。嗯，准确地说更像一颗星星——有好多个角的星星。

“这么美的花，如果摘下来送给妈妈，妈妈一定很开心。”不料，他的脚刚一落地，“花”便以迅雷不及掩耳之势缩回了土中，速度快得让阿黄难以置信。他大吃一惊，脚不由自主地缩了回来，喃喃自语道：“难道是我看错了吗？”

到家后，阿黄向妈妈诉说了刚才的奇遇。妈妈笑着说：“傻孩子，那是星鼻鼹鼠，生活在泥土里。他肉质饱满，是我们的美味佳肴哦！不过呢，他很机灵，速度快，一般是抓不到的。但他有个‘死穴’，那就是贪吃。见到蜗牛、蚯蚓、小鱼、小虾、小鸟，他都喜欢吃。想要抓到他，可要好好动动脑筋呀！”

阿黄开始行动了。几天后，他带着很多只蜗牛来到星鼻鼹鼠家门口，每隔一段距离摆上一只蜗牛，星鼻鼹鼠的家门口出现了一条长长的“美食之路”。阿黄自己呢，则悄悄地埋伏在“路”的另一头。

没过多久，嗅觉极其灵敏的星鼻鼹鼠就嗅到了食物的香味，忍不住出了洞。一开始，他格外小心翼翼，一边吃一边不时地停下来，用“星鼻”警惕地四处嗅着。过了一阵，他慢慢放松了警惕，优哉游哉地边走边吃。“还飘飘然地散步呢！过一会儿，你就要成为我的大餐啦！”阿黄想。

不知不觉间，星鼻鼹鼠来到了阿黄埋伏的地方。看到他离自己越来越近，阿黄瞪大眼睛，竖起耳朵，屏气凝神，紧张地等待着，一米……半米……机不可失，时不再来！阿黄猛地一跃，一把抓住了猎物。可怜的星鼻鼹鼠沉醉在美食中，还没反应过来就成了阿黄的饕餮大餐。

点评

这可真是“知己知彼，百战不殆”啊！原来连小狐狸捕猎都要动一番脑筋，更何况我们小学生学习知识呢！

12. 昆虫大力士选拔赛

杭州市文三教育集团文苑小学　何劭泽

昆虫大力士选拔赛开始了。操场主席台上有两只蜘蛛用蛛丝悬挂着树叶做成的横幅，上面写着“昆虫大力士选拔赛”几个大字。操场左上方蝴蝶啦啦队在卖力地跳着开场舞，操场右上方的树枝上由蟋蟀和知了组成的乐队努力地演奏着《运动员进行曲》。操场中间挤满了各种各样的昆虫，吵吵嚷嚷。

“安静！安静！我宣布一下这次选拔赛的比赛规则。”捕鸟蛛老师清了清嗓子，大声地说，“规则很简单，谁举起来的东西比自己的体重重的倍数最大，谁就是我们这次的‘大力士’。”

顺便介绍一下：捕鸟蛛不是昆虫，但他是昆虫学校的老师。

大家你看看我，我看看你，谁都不敢先来。这时，只见蚂蚁勇敢地往前一站，说：“我先来！”

台下的昆虫窃窃私语：“他细胳膊细腿的，肯定举不了重物。”蚂蚁用两只前肢夹起比他重五十倍的果实，用力往上一抬，居然没有被压扁，反而面带微笑看着台下。

“真是不可思议啊！他这么小，怎么能举起这么重的东西呢？”蜈蚣吃惊地问。

“因为他的腿里有几十亿台小‘发动机’啊！肌肉一用力，就会分泌酸性物质，就像加满了燃料，瞬间启动，产生了巨大的力量。”豆娘老师趁机解释道。

“五十倍！有没有更大力气的？”捕鸟蛛老师在台上喊道。

“五十倍算什么！八百倍！”只见头上长着长长分叉额角的独角仙大摇

大摆地往台上走。昆虫们纷纷让开道路。独角仙把额角深深地插进一根粗壮的树枝里，头一抬，稳稳当当地顶了起来。

“哇，好厉害啊！”虎甲还从来没有见过力气这么大的昆虫。

“当然啦，他平时总是跟同类打架呢！他的额角可厉害了！有机会试试他的过肩摔，酸爽无比，哈哈哈哈！”蝗虫校长说。

“八百倍！八百倍！还有没有要挑战一下的？”捕鸟蛛老师又在呼喊。

“一千倍！”一个巨大沉重的粪蛋慢慢地滚了过来，臭气也一同飘来。仔细一看，是蜣螂在后面推着粪蛋。蜣螂用自己的两条前肢夹住粪蛋，嘴巴上的角质推板一推，粪蛋就被推过了头顶！

台下的昆虫们都忘了呼吸，太神奇了！随后是震耳欲聋的欢呼声。

“蜣螂！蜣螂！”为他喝彩的声音一浪高过一浪。捕鸟蛛老师抓住蜣螂的左手，高举过顶，宣布：“本次大赛的获胜者是蜣螂！我们昆虫界的大力士！”

点评

哎呀呀，读完这篇文章真是大长见识了，原来昆虫界大力士不是蚂蚁，而是蜣螂啊！

13. 小袋鼠丛林历险记

杭州市东园小学　傅彦哲

我是一只小袋鼠，刚刚来到这个世界。本以为有温暖的育儿袋等着我，可是，太糟糕了，迎接我的竟然是一片荒草丛林。

不到一块橡皮大小的我，身体紧紧贴着大地，不敢乱动。我小心打量着四周，草木都呈灰棕色，没有茂密的树叶，枝丫像一根根钢筋一样耸立着，异常坚硬且密集，让我寸步难行。

艰难地往前爬了几步，我累得气喘吁吁。我努力抬起头极目远眺，在树林的最上方有一个袋子形状的房子，看起来既温暖又安全。我想：如果能在那里安家，应该是个不错的选择。于是，我打起十二分精神朝着目标爬行。

进入树林深处，高大的树木遮挡住了日光，眼前一片昏暗，就连那个小房子都看不见了。突然，我被地上的藤蔓绊了一下，整个身子都被缠住了！我昏昏沉沉的，一不留神又撞上了一棵树！天哪，又是一阵剧痛，鲜血流了出来。我真想直接放手，掉下去摔死算了！当我绝望地抬起头时，一缕阳光突然从房子上方透了过来，既温暖又有力量。这时，一股勇气出乎意料地从我的心底升腾而起，直冲脑门，充满了全身。于是，我忍着伤痛，朝阳光爬去……

几乎耗尽了全身力气，我终于爬出了树林。此时，汗水已经把出生时的血迹冲洗得一干二净，我感到了前所未有的神清气爽。来到房子入口处，我余悸犹存，用了最后一点儿力气跳进了梦中的摇篮。在摇篮里，我找到了一个温暖的乳头，一股甘甜的乳汁流进我的嘴里……

原来，这就是妈妈为我准备的育儿袋，我将在这里度过 230 天的婴儿期。

点评

本文描述的是刚出生的小袋鼠历经艰辛，靠自己的努力爬进育儿袋的过程，非常励志。

14. 行军蚁历险记

杭州市东园小学　胡恒

亚马孙丛林雨旱交替的时节，各种生物都在频繁地寻找新的水源。一群由 20 万只行军蚁组成的蚁群在快速移动，他们正在追赶一群流浪蚁。因为今天早上，他们好不容易得到的蜂巢，被流浪蚁抢走了。行军蚁们都很生气，发誓要复仇雪恨！

第二天清晨，行军蚁们来到了一片草地，突然听到一阵很怪的声音。

全军总指挥科莫多元帅说："佛里多少将，你去看看。"

"是！"佛里多少将答道。

几分钟后，佛里多少将回来了。

他说："长官，前面有一只螳螂在吃蝗虫！"

科莫多元帅听后，大声命令："包围那片草地，一有机会就扑过去！"

各级军官都领到了命令，带着大军向前移动。

这时，草丛中，螳螂正在专心致志地咬蝗虫的脖子，准备大快朵颐一番。那双像探照灯一样大的眼睛，竟然没有发现蚂蚁大军。

说时迟，那时快，科莫多元帅看准机会，大喊一声："上！"

几万只行军蚁如箭般从草丛中冲出来，出其不意地向螳螂发起攻击。几百几千根毒针扎进了螳螂的身体中，螳螂连叫都没来得及叫一声就倒下了……

这一次伏击的战果可不小，未被螳螂吃尽的蝗虫再加上螳螂，那可是双倍的战利品！这个晚上，所有行军蚁都在开庆功会。

次日，行军蚁们离开草地，经过几个小时的长途行军来到了湖边。突然，队伍前冒出三只螃蟹，挥舞着大钳子，大声说道："我们是螃蟹三兄弟，想过道的，每人交出一块肉，否则留在这里做三年苦工！"

科莫多元帅大怒，让格里斯少校去战蟹老大，结果不到三个回合，格里斯少校就被蟹老大的大钳子夹住了脑袋，惨死在钳下。

见此情景，维尔斯士官迅速带领十几个士兵蚁死咬住蟹老大不放，他找准时机在蟹老大钳子的一层膜上咬出一个洞，然后迅速钻进他的身体，从里面了结了蟹老大的性命。蟹老二、蟹老三见此惨状，拔腿便逃，可最终还是成了行军蚁们的午餐。立了如此大功，维尔斯被直接提拔为少校。

历尽千辛万苦，行军蚁终于追上了流浪蚁。此时的流浪蚁是在遭遇螃蟹三兄弟的袭击之后侥幸存活下来的，数量已不足百只。

仇人相见，分外眼红。双方一遇上就展开了激烈的战斗。这一次，行军蚁利用兵力优势，将对方团团包围，发起总攻，直至对方全军覆没！

行军蚁吃饱了肚子，再次踏上了征途……

点评

行军蚁名副其实啊，所到之处，不管对手多么强大蛮横，统统杀敌制胜，这就是团结的力量！

15. 金小美历险记

杭州市学军小学　朱乐涛

我是金小美，是一只知了。我听着同伴们的大合唱《夏天进行曲》，回想着昨天下午到今天早上发生的事情，觉得知了的一生就如同一场冒险。

昨天，我还是一只知了猴，在地下度过了暗无天日的漫长五年时间后，准备破土而出。正当我用前足挖掘地道的时候，“哗啦啦，哗啦啦”的雨声吓得我赶紧往地底下钻，心里祈祷着：“雨可别下太久，别把我的地道冲毁了！”

傍晚，我打开差点儿被雨水冲毁的“井盖”，小心翼翼地把脑袋探出洞口，只见一条超级大蜈蚣正向我爬来。我吓得魂都飞了，只好一个劲儿地把身子往洞里缩。还好有几条蛞蝓在洞口不远处“守护”着我，蜈蚣只好绕道而行。

等到蜈蚣走远了，我才从洞口爬了出来。我的目标是20厘米外的那棵歪脖子柳树，我用尽全身的力气努力爬到了树底下。这时，我发现不远处有灯光射来，我赶紧躲在一片枯叶下。不一会儿，我的同伴们已在一个小孩子提着的塑料袋里挣扎！

等那孩子走远，我立即奋力往树上爬去。这时，我发现身边的小蚂蚁不停地忙碌着。顺着小蚂蚁的方向，我看到它们正在搬运我的同伴，它大概是不小心从树上摔下去的。我气坏了，对着蚂蚁们大喊一声：“放下它，那是我同伴！”可是蚂蚁们充耳不闻。

我非常伤心，可也顾不了那么多了，赶紧继续往树上爬。

当我爬上树干，用前足紧紧抓着树皮，我的背部终于开了一条缝，做好了蜕皮的准备。突然，一只巨大的怪物和一束光出现在我的身旁，吓得我大气都不敢出一下。灯光不见了，那只怪物也不见了，原来那只是被放大的小蜘蛛的影子。

我正在暗自庆幸，一个女声传来："快来，发现目标！"又一束灯光照到了我的身上，有三个人朝我围拢过来。此时我多希望自己已经羽化成功了啊，这样我就可以拍拍翅膀逃走了。可我正在蜕皮，根本无法飞行，我害怕极了，心想：这下估计小命不保了。可我只听见拍照的声音，被"聚光灯"笼罩着，搞得我像大明星一样。

我费力一挣，终于"金蝉脱壳"。三人中的爸爸对小男孩说："这是只哑巴蝉。"小男孩的妈妈补充说："因为它缺少两个蜂鸣片。"小男孩惊喜地发现刚蜕变的我整个身体呈现金色，并不是常见的黑色，于是，他给我取了个好听的名字——金小美。

最后，他们决定放我一条生路。这才有了我今天展翅高飞和欣赏音乐的机会。感谢不捉之恩！

听，夏天多美好！我在合唱中听到了一个特别动听的声音，我要去找那个声音的来源，开启新的冒险旅程！

点评

本文描述了知了从地底钻出来到树上完成蜕皮的危险过程，用"黎明前最黑暗的一刻"来形容真是最恰当不过了。本文的高明之处在于结尾暗示金小美循声求偶，这意味着苦难已过去，幸福就在眼前，使此文具有剧情反转的艺术效果。

16. 智救小鸭

杭州市拱宸桥小学　余宸珂

春天到了，阳光明媚。一只可爱的小鸭子来到草地上玩耍。他一边走一边想："今天是我的生日，我得好好准备准备，准备什么呢？要不，我去采几朵鲜花吧。"

小鸭子走啊走啊，看到了一大片美丽的鲜花。他兴高采烈地走过去，但是不幸的事情发生了，小鸭子掉进一个黑乎乎的陷阱里。他拼命地喊："救命！救命！谁来救救我啊？"

小鸟听见了呼救声，赶忙飞过来，紧张地问："你是谁呀？为什么会掉进这个洞里啊？"小鸭子说："嘎嘎嘎，我是小鸭子，我过来采花，所以才掉进来的。""你放心，我去找人帮忙。"小鸟说。

小鸟找来了聪明的小猴。小猴找了一根又细又长的竹竿，让小鸭子顺着竹竿爬上来。可是竹竿太滑了，小鸭子爬不上来。

准备去参加小鸭子生日宴会的大象刚好路过。他看到这么多小动物围在那里，便走过去瞧了瞧。得知是小鸭子掉进洞里了，大象说："我可以用我的长鼻子把他卷上来。"可是洞很深，象鼻子根本够不到。

小猴灵机一动，想到了一个绝妙的方法。他说："我们齐心协力去河边提水，把洞用水灌满。"大家开始行动，小鸭子渐渐地浮了上来，最后他们成功了。

小鸭子感激地说："谢谢你们，你们快到我家参加我的生日宴会吧！"

点评

根据小鸭子会游泳的本领往洞里灌水，拯救行动圆满成功。可见，做任何事都要因人而异，因地制宜。

观察日记篇

17. 友好的触留香

杭州市大禹路小学甲来路校区　刘启轩

我家有一株非常神奇的植物，你对它示好时，它也会热烈地回应你。因此，它有一个可爱的名字——触留香。

触留香其貌不扬，乍一看有点儿像多肉植物，叶片却没多肉植物那么厚，上面有细密的白色绒毛。许多时候，它都静静地在角落里生长着，既没有水仙淡雅，也没有玫瑰妩媚，更没有牡丹花婀娜多姿。很长一段时间，我都没注意到它。

有一天，小伙伴来我家玩，追逐打闹的时候不小心碰到了这株不起眼的植物。一阵花香袭来，浓郁的香气非常好闻，像苹果香，但又比苹果香味要清甜。我很奇怪，哪里来的香味呢？妈妈微笑着对我说："这是触留香发出来的。"听到这里，我又用手去碰了碰它毛茸茸的叶片，果然，又一阵香气扑面而来……

这是怎么回事呢？原来，触留香也叫碰碰香，当它的叶片受到触碰时，细胞内的水分会发生作用，内部用于透气的气孔会扩张，一种易于挥发的带有苹果香味的物质就顺着气孔飘散到空气中了。

触留香就像一个渴望被关怀的小朋友，你去爱它，它就拿香气回应你。

点评

这篇观察日记很有质感，通过触留香一碰就散发香气的表面现象，深究其内含的科学原理。小作者很有心。

18. 金鱼到底会不会睡觉

杭州市大禹路小学甲来路校区　张方一

爸爸给我买了一个小鱼缸，鱼缸上装了一只小夜灯，鱼缸里养了两条红色的小金鱼。

有一天晚上，我正准备睡觉的时候，突然想：金鱼会不会睡觉？如果会睡觉，是晚上睡还是白天睡？是躺到水底睡还是浮出水面睡？是不是跟我们人类一样闭着眼睛睡？一连串的问题从我脑海里蹦出来。于是，我决定去探个究竟。

半夜里，我起来上厕所的时候，发现两条金鱼睁着圆溜溜的大眼睛，可是它们都不游动，只有嘴巴在一张一合。第二天早上，我又去观察金鱼，这回它们在欢快地游来游去。放学回家后，我一进家门就又去看它们，可金鱼

仍然睁着眼悠闲地游动，毫无倦意。一连观察了三天，我从未见过金鱼闭上眼睛。难道金鱼真的不用睡觉吗?

我迫不及待地去问爸爸，爸爸说："金鱼的眼睛闭不上，是因为它们没有眼睑。但金鱼也是需要睡觉的，只是不能像我们人类一样闭着眼睛睡。"我顿时明白：原来金鱼也会睡觉，睡觉时喜欢找个位置停下来一动不动，体色变淡、神态呆木，只是不闭眼。

当你看到金鱼在水中一动不动时，请不要吵到它们，因为它们很有可能正在睡觉呢!

点评

原来小金鱼不再游动就是在睡觉啊！如果能再解释一下金鱼睡觉分不分白天与黑夜，就能与第2自然段里所提的问题紧密呼应了。

19. 神奇的医学之旅

杭州市金都天长小学　邵哲瀚

我的爸爸在医学院工作，于是我们嘟嘟假日中队就有了这次神奇的医学之旅，这叫“近水楼台先得月”。

在解说员阿姨的带领下，我们来到了人体解剖馆。一进门，映入眼帘的是人体血管标本，一条红一条蓝，有的并行排列，有的相互缠绕。解说员阿姨告诉我们，红色的是人身上的动脉，蓝色的则是静脉。

往里走，我们看到了各种形状的骨骼标本，如蝴蝶状的是髋骨、像玉米粒的是指骨。原来，人体一共有两百零六块骨头。

在解剖馆，我印象最深刻的要数那个关于生命孕育的标本。人类从受精卵到形成胚胎，然后慢慢长大，最后胎儿出生。这让我们了解到了生命孕育的完整过程，真的很神奇呢！

第二站，我们到了细菌实验室，每个小朋友都可以通过显微镜观察细菌。我看见活的细菌像一根根睫毛在蠕动，死的细菌呢，则像一颗颗尘埃一样纹丝不动。我们还在微生物老师的指导下，做了手部细菌培养实验，分别采集了洗手前、洗手后手上残留细菌的样本。经过一段时间培养，我们看见洗手前的培养皿里面有大量奇形怪状的细菌，好可怕呀！看来，一定要养成勤洗手的好习惯。

第三站，我们参观的是草药馆，我们学着用老式杆秤称草药的重量。

最后我们来到一个教室，这里正在宣讲急救知识。我们学到了火灾中如何逃生、触电了怎么办、溺水了怎么办等知识，还学习了心肺复苏术。在抢答环节中，我每次都把手举得高高的，踊跃回答问题，得到了很多奖品。

不知不觉到了中午，我们拍了一张集体照，神奇的医学之旅就圆满结束了！

点评

本文有条不紊地介绍了各种医学知识。第三站草药馆被略写，使文章显得详略得当，并富有韵律感。

20. 我的好鸽儿们

杭州市省府路小学　万朝文

一排“哨兵”站在屋顶上，几只小鸽子在巢中嗷嗷待哺，这就是我养的鸽子——一群机灵、淘气又团结的鸽子。

我五岁时的寒假，爷爷送给我一公一母两只鸽子。它们好奇地打量着我，我也好奇地打量着它们。我试着拿一把干玉米伸进笼子。它俩啄一啄玉米，断定这是山珍海味，便咕咕地叫，似乎在说：“这个不错！”然后开始啄我的手掌。慢慢地，我发现它俩成了一对好朋友——有时它们不小心撞了对方也不计较；谁饿得慌谁就先用餐。

我把鸽笼安放在阳台的桃树旁。这个新家，鸽子一待就是半年，每天我都为它们换食物、打扫卫生。鸽子越长越大。一天，我试着打开笼子放它们去蓝天展翅飞翔。两只鸽子钻出鸽笼，先是在地面上来回踱步。突然，公鸽子小灰展开“机翼”，眨眼间飞上了栏杆，它查看了阳台的全貌后又飞了回来。它俩都一再重复这一系列动作。最后，母鸽子小白展开翅膀在空中画了一道优美的弧线，轻轻落在了对面的屋顶上。小灰紧跟着像离弦的箭一样追了过去。可是它飞得有些急，一个潇洒的急转弯后，没控制好方向，竟然一头冲进了树丛里，好不容易起来，却带着一身树叶撞上了在栏杆上休息的小白。

“欲速则不达”，这话一点都没说错啊！

时间一天一天过去。它们完全熟悉了家的位置，便飞得更远了。但不管怎样，它们都会准时回家，就算狂风大作、风雨交加，它们那矫健的身影，也会在我焦急万分时出现在窗前。

早上我被“鸽子闹钟”叫醒了，但我发现它俩并不像往常那样在笼子里

梳理羽毛、为飞行热身、等待早餐，而是安静地待在笼子里。我很好奇，它们生病了吗？难道在飞行中受伤了？就在小灰挤开小白的一刹那，真相大白，原来它们的窝里多了两个蛋！小白有宝宝啦！

有了两个蛋，小灰和小白劳累了许多，白天小灰孵，晚上小白孵，清晨和傍晚各换一次班，一天只吃两顿饭。要是你在它们换班时喂食，只需一两分钟，食物就会被一扫而光，所以只要食料盆一空，我就赶紧重新填满。

过了 18 天，两只小鸽子孵出来了！它俩全身赤裸，没有羽毛，露出粉粉的皮肤，肚子随着一呼一吸不停起伏。这时，小灰飞入笼子。只见两只小鸽子把嘴伸进小灰的嘴里，津津有味地吃了起来。哈！小灰在给小鸽子喂食呢！

几天后，两只小鸽子渐渐长出了黄色的小绒毛，越发可爱了。

一个月后，两只小鸽子已经长出了一身帅气的黑色羽毛，点缀着一圈发亮的墨绿色项圈，眼睛宛如红宝石中镶嵌着黑珍珠。它俩要开始学飞了。小灰和小白站在栏杆上，轻轻地咕咕叫，并且时不时轻轻啄一下小鸽子，似乎在鼓励它们：“宝贝，别怕！你们一定行的！”两只小鸽子虽然对六层楼的高度有些害怕，但仍然鼓起勇气飞了出去。试飞几次后，两只小鸽子终于能独自在高空中飞翔了！小灰高兴地在原地转了好几个圈，小白不时地扇扇翅膀。我也手舞足蹈，为它们喝彩。

一天上午，它们一家出去“散心”了。食料盆旁边却来了一群不速之客——麻雀。它们发疯似的抢食物，用木棍都赶不走。此时，鸽子一家回来了，小灰率先发现麻雀，立即加快速度，掠过栏杆的一刹那，猛地啄了下去，狠狠扯下其中一只麻雀的一撮羽毛，吓得麻雀夺路而逃。小白和两只小鸽子也冲了进来，用短小而尖利的喙驱赶麻雀，保卫家园。

鸽子真是一种惹人喜爱的鸟！超强的记忆力、养育儿女的责任心、保卫家园的勇敢……处处闪耀着它们的智慧和团结。

我爱我的好鸽儿们！

点评

生活是写作素材的源头。没有亲自养过鸽子，哪来那么多泉涌般的精彩情节呢？作家刘墉数年观察野生大雁，写了一本题为《啊啊》的书。只要小作者坚持记录鸽子的日常生活，也能写成书。

21. 金　鱼

杭州江南实验学校　黄睿芯

三个月前，外婆从市场里买来了三条肥肥的橙红色金鱼，就像三朵会游动的花儿。

其实我更想养的是小狗。小狗毛茸茸的，摸上去又软又舒服；而金鱼身上全是亮闪闪的鳞片，又冷又湿滑，我都不敢碰。小狗的眼睛又大又圆，透着一股灵性；而金鱼那两只鼓突在外的水泡眼，显得呆笨。我时常担心水草会不会戳破这两只脆弱的水泡眼。更重要的是，小狗会跟在人身边跑来跑去；而金鱼只能生活在鱼缸里，半刻都离不开水，只有我围着它们转的份儿！

但我也知道小狗比金鱼要难养许多，我根本照顾不过来，所以还是养金鱼比较现实。于是，每天放学我都会去看一看金鱼，并给它们喂食。渐渐地，我也感受到了不少乐趣。我发现金鱼总是悠然自得地在水里游来游去，吐着泡泡，好像在窃窃私语。我常常会隔着透明的鱼缸与它们对视，很好奇它们到底看不看得见我。

有时候，我还会用手指猛地戳一下鱼缸，受到惊吓的金鱼便会飞快地逃走，完全没有我想象中的那么笨拙。每当我撒下鱼食，它们就会拼命地甩动尾巴，争先恐后地游过来，张开圆溜溜的大嘴巴，上演一场“食物争夺战”。

有几次，我假装喂食捉弄它们，它们便会不停地游上水面，鳃一张一合的，好像在说：“请你给我们吃一点吧！”而我这个慷慨的主人总是无法拒绝请求，总是假戏真做，真的投食给它们。当金鱼们吃饱后，就会沉入水底静静休息。片刻后，它们又会跟往常一样精神饱满地在水里上下浮沉，穿梭往来。

如今观赏金鱼已经成为我闲暇时的一件趣事，每当我看着它们，便会觉得心情愉快。金鱼们在鱼缸中鳍尾翩翩的样子真是让我百看不厌啊！

点评

第2自然段从各方面拿金鱼与小狗比，表达作者对金鱼的不喜欢，与本文结尾形成鲜明对比，这一出人意料的转变，使文章读来趣味盎然。

22. 植物园访虫记

杭州市学军小学　项乐琪

暑假的一个夜晚，云豹老师带着我去了杭州植物园，使我有了一次奇妙的体验。

又大又红的太阳下了山，我们一起走进了植物园。植物园里最多的当然是各式各样的植物，但今天我们要去寻找的是小动物。

我们来到一个小池塘边。在一张圆圆的荷叶上，我看见了一只小青蛙。只见它瞪大了圆鼓鼓的眼睛，背上有两条又粗又长的褐色斑纹，还甩着一条长长的尾巴。小青蛙"呱"一下，背上的斑纹就动一下。

"咦，怎么会有长尾巴的小青蛙呢？"我非常疑惑。

云豹老师说："这是金线蛙。它还小，尾巴没有退化，长大后就没有尾巴了。"

正当我慢慢地蹲下来，想仔细观察金线蛙时，一只调皮的迷你蛙又蹦又跳地落到了我的鞋子上。"哇，这只小蛙长得不一样呢！"

"这只叫姬蛙，体型特别小，它也是两栖动物，生活在澳洲和新几内亚。姬蛙最特别的一点是直接孵化成小蛙，不经历蝌蚪阶段。"云豹老师耐心地讲解。

云豹老师又带我到了一棵树下。那里有一只白色的长了绒毛的蜘蛛！怕蜘蛛的我大叫："天啊，不止一只呢！两只、三只……哇，有十几只长毛怪物！"

云豹老师笑道："这不是长毛怪物，它们是盲蛛。盲蛛最大的特点是视力差，腿长。"我仔细一看，果然，它们的身体只有一粒黄豆大小，但腿很

细很长，差不多有我们小朋友一根手指那么长。有的盲蛛把长腿贴在树枝上一动不动，有的盲蛛在树枝上四处乱爬，还有的盲蛛伸出腿来触碰树枝，看来，它们是靠腿来探路的。

“盲蛛虽然视力不好，但它们的听觉很灵敏，而且和我们平时看到的蜘蛛不一样，它们不吐丝。”云豹老师说。

我们一边走，一边寻找生活在植物园中的可爱小动物。每看到一种小动物，云豹老师就给我讲这种小动物的有趣故事。

这次夜游植物园，我发现每一种小动物都是独一无二的，都有自己专属的故事。

点评

植物园里寻访小动物，既出人意料又在情理之中。小作者在文中将各种新奇的生物知识娓娓道来，令读者忍不住感叹：每一种生命都是奇迹啊！

23. 小蜜蜂叨虾皮

杭州市学军小学　叶嘉秋

“太阳光，金亮亮……小蜜蜂，采蜜忙……”这是我在幼儿园里学唱的儿歌，呈现的是小蜜蜂在百花丛中采蜜的情景。我也因此以为，蜜蜂只爱在花丛中飞舞。

可是，前几天发生的一件事，让我感到非常诧异。那天早晨，我把外公摊好的虾皮拿到窗台上去晾晒。一只正在旁边花丛中忙碌的小蜜蜂，大概闻到了虾皮的气味，“嗡嗡嗡”地扇动着小翅膀，向虾皮直冲过来了！

小蜜蜂挺威风！只见它全身长满黄黑相间的花纹，像披着一身老虎皮。它的眼睛大大的，而且炯炯有神。小蜜蜂屁股上还长着一根似长矛的尖刺。

我吓了一大跳，心想：它不会是要来扎我吧？我赶紧躲到一边，偷偷地探出脑袋盯着它看。

只见它绕了几个圈，然后落到虾皮上不动了，好像一架停在机场上的小飞机。过了好一会儿，它只是轻轻地挪动了几下。看来它的目标不是我呢！我正在纳闷，突然，它叼起一片虾皮，像直升机一样升起来，迅速地飞走了。过了一会儿，又飞来几只小蜜蜂，试探着起飞、降落了好几次，然后各自叼起一片虾皮飞走了。

看到小蜜蜂们来来回回叼了好几次虾皮，我觉得非常奇怪，这些小蜜蜂不去采蜜，怎么对虾皮感兴趣了呢？它们把虾皮叼去，是准备大快朵颐，还是当作搭建蜂巢的材料呢？可惜我看不懂它们跳的舞蹈，不明白它们交流的“语言”。真想化作一只小蜜蜂，飞进蜂巢看个究竟呢！

蜜蜂吃不吃虾皮？老师没说，书里也没查到。如果你知道，一定要告诉我哦！

点评

不要局限于已获得的知识，多观察这个世界就会发现更多新奇的事。瞧，蜜蜂不仅仅会采蜜，居然还会对虾皮“下毒手”呢。

24. 种菜趣事

杭州市学军小学　管青

为了让我更好地观察植物的成长，妈妈精心准备了种菜盆、土壤和五彩辣椒籽。

我在盆里铺了一层土壤，小心翼翼地把种子放在土里，再在上面铺上一层薄土，最后还浇了水。就这样，我开始天天照看着，期待着奇迹出现。

一个多星期后，土壤里终于冒出了嫩嫩的小绿芽，非常可爱。估计它们看到我也觉得很奇怪吧，我们经常这样大眼瞪小眼地互相欣赏着。小绿芽们在渐渐地长大，最后长成了一株株辣椒树。

后来，每一株辣椒树都开出了很多雪白雪白的小花，我心里甭提有多高兴了。遇到同学和邻居们，我总会情不自禁地跟他们炫耀我家的辣椒花。看到我眉飞色舞的样子，他们都很羡慕我。

我猜应该用不了多久，每一株辣椒树上就会挂满五颜六色的彩椒了。闭上眼睛想象一下，那一个个小灯笼样的彩椒挂满枝头，该是多么热闹欢喜的景象啊。可我等啊等啊，等到花儿都谢了也没见长出一个辣椒来。我着急地问了爸爸妈妈，他们也是丈二和尚摸不着头脑。最后大家一致认为是买了假种子，只会开花不会结果！真是“竹篮打水一场空”。

看我伤心的样子，外公买了一些大蒜，说种这个肯定没问题。于是，我又开始种大蒜。等到大蒜丰收时，我要和大家一起分享喜悦。我相信这次肯定能成功，因为有外公的保证。

点评

普通到不能再普通的彩椒，因为亲手种植了它，而成了作者心里独一无二的彩椒。这份付出、这份关切正是作者乐趣所在。

25. 美丽的映山红

杭州市人民小学　蒋天瑞

春天到了，万物复苏。粉红的桃花、雪白的梨花都开放了。但在众多花中，我还是最喜欢映山红。

远远看去，那漫山遍野的映山红犹如一簇簇红缨，十分美丽，仿佛给大山披上了一件彩色大氅。

我走近映山红，满树的花朵姿态万千。它们有些是一个个花骨朵儿，像一个个子弹头。有些已经露出了笑脸，正甜甜地对着我微笑。花瓣中间有几根像蜗牛触角一般的花蕊，甜甜的花蜜正等着人去品尝呢！绽开的花朵们你挤我碰，争着一展芳容。我用手摸了一下映山红的叶子，上面有好多小绒毛，让人感觉痒痒的。一阵风吹过，映山红跳起了轻盈的舞蹈。我低下头，就闻到了扑鼻的香味。

在春天，如果你上山走一走，一定也能看到我所说的映山红。

点评

本文虽短，却胜在描写细腻。

26. 谁是大力士

杭州市拱宸桥小学　章嫣苒

“加油！加油！加油！”教室里传出阵阵呐喊声，原来是同学们在掰手腕！

精彩的第二轮马上要开始了，他们分别是一步登天队的季同学和抖音果小胖队的金同学。只见金同学微笑着大步流星走到台前，显得自信满满。季同学迈着小碎步来到台前，神情紧张。台下的我们都觉得金同学肯定能赢。

比赛开始了，两位选手的拳头握得紧紧的，都想一举将对方拿下。季同学率先发力，似乎胜利在望。两只手臂眼看已经和桌面成四十五度角时，后发制人的金同学竟然将手臂掰回九十度。两个人的脸蛋都涨得像落山时的太阳那样红。观战的同学有的喊着“加油！加油！加油……”有的紧张到不敢眨眼睛，还有的情不自禁围了上去。最后一刻，季同学使出了吃奶的力，猛得用力一掰，反败为胜。全场发出“哇……”的惊呼声，同学们都惊讶得张大了嘴，不敢相信自己的眼睛。

掰手腕太有意思了！既收获了经历，收获了喜悦，同时也明白了一个道理：做一件事，哪怕只有一点点希望，也不能放弃，而是要尽力去做好！

点评

掰手腕时两位选手的表情神态描写细腻，场面描写恰到好处地烘托了比赛氛围。

27. 蜻　蜓

杭州市大关小学　刘馨恬

一只大蜻蜓不断地撞向透明玻璃，我双手轻轻一捧，哈哈，捉住了。

蜻蜓就像是一架小型飞机。它的头圆圆的，眼睛占了头部的三分之二，妈妈告诉我蜻蜓的眼睛有两万到三万个复眼，难怪我一直盯着它的小眼睛看，就会感觉头晕乎乎的。

蜻蜓胸部的前端长了三对足，上面布满了密密麻麻的小刺。我把手放到它的足前面，它会抓住我的手不放，感觉被无数吸盘牢牢吸住似的。蜻蜓背上长着两对又轻又薄的翅膀。我轻轻抓住蜻蜓的尾巴，它的翅膀不停地拍打着，发出沙沙声，似乎想挣脱我的小手。

蜻蜓的腹部细长细长的，仔细数一数，共有八节，黄黑相间，中间有一道深深的沟壑，随着它的呼吸一张一合，真有意思。

我放开双手，蜻蜓在我头上盘旋两圈，往远处飞去了。蜻蜓有时快，有时慢，有时停在半空中，有时又迅速俯冲下来轻轻落在草叶上。蜻蜓真不愧是空中飞行之王。

点评

本文起承转合颇为自然，丝毫没有刀砍斧凿的生硬痕迹。

科学小品文篇

28.“探月轨道”

杭州运河学校　刘琰

学校一年一度的科技节，我终于把你盼来了！这次，我们比的是“探月轨道”。初听“探月轨道”，你们一定不知道这个项目的规则，其实是用吸管搭建轨道，让乒乓球沿着轨道从上往下滚，模拟探月。哪一组时间最接近30秒，哪一组就获胜。

12点10分，我们提前来到操场上，仔细地把零件组装在一起。很快，模型就搭起来了。

接着，我们把乒乓球轻轻地放上轨道，乒乓球缓慢地滚动着，到了第三层却像一个莽撞的孩子一样，竟然脱轨了。我试着把第三层的接头处扩大点，没想到乒乓球滚到这个位置竟然卡住了。我又试着把它调节得稍窄一点点，终于可以通过了。

时间神不知鬼不觉地溜走了，可我们的“探月轨道”始终险象环生，不能顺利走完全程。祁同学十分热情，不断地找来“援兵”，还充当起了我们组的侦察员，侦察其他组的“情报”。其他同学一直在我身边帮忙，一起拼着新轨道，以替换不通畅的旧轨道。

“怎么办呀？只有10分钟了，科技节马上就要开始了。”冯同学着急地说。我也急得像热锅上的蚂蚁，可是越着急就越慌张。不行，我一定要静下心来，耐心点。

这时，班主任何老师过来指导我们了。我们又一次开始“查漏补缺”：这里接头大一点！弯道角度太陡了！那边再高点！功夫不负有心人，在无数次改进后，乒乓球终于可以顺利地走完全程了。

我们请来了裁判蔡老师，让她给我们计时。在同学和老师的注视下，“探月”开始了。我的心一直随着乒乓球转——卡住了，我的心顿时悬到了嗓子眼儿！又动了，我悬着的心落了下来。因为试验时第四层老是接不住乒乓球，所以到第三层末尾时，我的心再次悬了起来。

“接住了，太好了！”一秒、三秒、二十秒……

“29 秒 54！”

“耶！”我们高兴极了，不停蹦跳着，脸上露出胜利的笑容。我还忍不住哼起了欢快的小曲儿，张同学则绕着半个操场飞奔，以表达他内心的喜悦。

再看看其他组的参赛选手们，有的露出了笑容，有的还在目不转睛地研究轨道，有的一脸丧气，最后放弃了比赛。

这次活动我们组夺得了冠军。这个幸运的乒乓球被我收藏了。它是我们的幸运之球，它承载了 29 秒 54 的荣誉，承载了我们付出汗水后勇夺冠军的喜悦。

在这次比赛中，我感受到“不经历风雨，怎能见彩虹”这句话的真谛，没有艰苦卓绝的奋斗，是不会获得成功的。

点评

喜悦和痛苦成正比。成功前越痛苦，成功后越喜悦！

29. 我最喜欢的植物——艾草

浙江工业大学附属实验学校　郑雨菡

人人都爱百花争艳的美丽，但我独爱艾草的平凡、接地气，不仅因为它清新的香气，还因为它全身都是宝。

艾草又名医草，它整株都可以入药，著名的医药学家李时珍曾在《本草纲目》里介绍过。艾草洗净用来煮鸡蛋，可以温经散寒。把艾叶晒干捣碎而成的绒状物，可以做成艾条，中医用艾条来治病。有一次晚上睡觉时我踢掉了被子，感冒了，妈妈就拿艾条对着我的肚脐熏，很快我就感觉暖烘烘的，好像全身的经络都被武林高手打通了，舒服极了，感冒也好了大半。

艾草还是驱虫好手。艾草的气味对于人类来说是清香，对害虫来说却是太刺激太难闻了，它们远远闻到就退避三舍。在江南一带，端午时节有门上插菖蒲和艾草的习俗，就是用来驱蚊虫消疾病的。

艾草特别好养活，简直是植物界的“女汉子”。它耐寒暑，抗干旱，对土壤的要求也极低，荒野草地、水沟边都可见它的身影。我从野外挖了几株艾草种在阳台上有阳光的地方，隔三岔五地浇点水，艾草居然一直生机勃勃，为我家阳台增色不少。

对了，艾草还可以吃哦！每到清明节，正是艾草最鲜嫩美味的时候，人们便取它的叶子和嫩芽做一种叫作“清明粿”的美食。说起“清明粿”，我外公还是这方面的高手呢！他能做出造型各异的“清明粿”——饺子形的、三角形的、小鱼形的。艾草的清香加上糯米香，咬上一口，真是回味无穷。

艾草，它不像花儿那样娇嫩，也不像荆棘这样扎人。它虽然不是最美的，但在我心目中，它比玫瑰还要娇艳，比百合还要芬芳。

点评

本文通过介绍艾草，也介绍了中国人的传统生活：艾灸、艾草驱蚊、清明粿，太富有中国特色了。如果有“国草”称号，艾草当之无愧啊！

30. 西湖里的小鸳鸯

杭州市文新小学　王希文

西湖里有两位鸳鸯妈妈生了两窝小鸳鸯，我们追风少年队来到孤山公园的西湖边，和浙江野鸟会的志愿者老师们一起守护小鸳鸯。

透过望远镜，我看到鸳鸯妈妈正带着 3 只小鸳鸯在湖中央玩耍。鸳鸯宝宝毛茸茸的，和小鸭子一样可爱，但比我想象中的小很多。再向前走，我们找到了另一户鸳鸯家庭——7 只鸳鸯宝宝排着队，跟在它们妈妈后面学游泳。

我们正看得起劲时，鸳鸯妈妈“呼”的一下飞起来，落在了荷塘围网上，紧张地在上面跳来跳去——原来，有 3 只鸳鸯宝宝不知怎么钻出围网，回不来了。

3 只鸳鸯宝宝贴着围网惊慌地东碰西撞，想回到它们妈妈身边，却四处碰壁。它们还想学妈妈那样跳上围网，但力气太小上不去。这时，有几艘游船开了过来，鸳鸯妈妈一会儿跳出围网保护 3 只鸳鸯宝宝，一会儿又跳回围网里照顾另外 4 只鸳鸯宝宝，忙坏了！

船上的游客看到了小鸳鸯，激动地大叫起来，把船靠得很近很近。这怎么可以！小鸳鸯会被船伤到的！我们赶紧大声喊起来："不要过来！要撞伤小鸳鸯啦！不要过来！！"

还好，听见喊声，游船及时慢了下来，小鸳鸯终于安全地游了过去。我原本以为在西湖里，小鸳鸯一定是开开心心、自由自在的，没想到它们会遇到这么多麻烦。

听浙江野鸟会的老师说，小鸳鸯们遇到的危险可不止这些。这两窝小鸳鸯出生时，一窝 11 只，另一窝 8 只。可就这么十多天的工夫，因为各种原因，一窝变成 7 只，另一窝只剩 4 只了（其中 1 只还受了重伤）。小鸳鸯需要 45 天的成长期，才能学会飞翔。照这样的速度减少，有几只宝宝能长到会飞的那一天呢？

让我们一起行动起来，为可爱的小鸳鸯们保驾护航！

点评

观察野生鸳鸯真是一次不可多得的宝贵经历，给读者也带来了新奇感受。

31. 神奇的萤火虫洞

杭州市时代小学　王悦睿

大家见过萤火虫吗？不是普通的那种，而是提着蓝色小灯笼、畏光、没有翅膀的那种——新西兰著名的蒂阿瑙萤火虫。

蒂阿瑙萤火虫洞真是名不虚传！

首先，我们进洞的交通工具——小木舟居然没有桨，全靠人力拉着沿洞安装的铁链前行。一进洞内，所有的光线一下子全没了，完全是伸手不见五指。

随着小木舟的前行，你可以看到山洞石壁上零零星星发出的蓝光。如果你闭上眼，耳边只剩下“哗啦啦”的冰川流水声，仿佛连小鱼儿在水里吐泡泡的声音也听得到。心是那么静，天籁之声是那么美妙！

等你睁开双眼时，哇！萤火虫已悬挂在洞中，就如同一片华丽绚烂的星空！这里的萤火虫不会飞，可别以为它们会饿肚子。它们身上发出的一闪一闪、蓝宝石般的美丽亮光就是诱捕食物的最好饵料。小昆虫们一定以为自己遇到了小仙子吧，迫不及待地扑过去，却正好落入了萤火虫布下的陷阱，结局可想而知。

“一闪一闪亮晶晶，满天都是小星星”，忽然间我想到了这首儿歌。是啊，每一颗星星都有它存在的意义，每一只萤火虫也是一样！一只萤火虫发出的光芒是微弱的，但成群的萤火虫发出的光芒相当的壮观。神奇的萤火虫洞似乎在告诉我：只要团结一心，每个人都贡献一份力量，那么世界一定充满希望！

点评

一只萤火虫就能引来兴奋的尖叫，更何况是一个萤火虫洞呢？本文若能对萤火虫洞的壮观景象展开浓墨重彩的描述，可使文末的“团结”更有理有据。

32. 神奇的空中电影

杭州市大禹路小学甲来路校区　郑忆雯

暑假即将结束，我正在家赶作业，爸爸突然说要带我去看一场神奇的电影。我惊呆了：这个时候同学们可都在恶补暑假作业呢！别说看电影，就是多看一会儿电视都会挨骂的啊！太阳打西边出来了？老爸竟然要带我去看电影？

出了门，老爸拉着我径直往楼顶走去。“不是去看电影吗？怎么还要往楼顶上走啊？”我奇怪地问。

“就在天台上，快点走。”

看着老爸急匆匆的样子，我更加好奇了：莫非是我从没看过的露天电影？太好啦！

我欣喜若狂地来到天台，可是天台上空空的，什么都没有。我很沮丧，气愤地瞪了一眼老爸说：“不是有电影看的吗？你骗人！”

我正要转身回家，老爸指着天空说：“喏！你抬头看看。”

“不就是蓝天白云吗？有啥好看的！”虽然嘴上这样说，但我的眼睛已被天边一大片一大片雪白的“棉花糖”给吸引住了，一层又一层，一串又一串，看得我口水都要流下来了。

我一直静静地看着天空，“棉花糖”慢慢变成了一只巨大的猩猩，它高高举起左手，要拍打一只可爱的小白兔。但是，还没等它拍到兔子，兔子已不见踪影了。

哎呀！不好！猩猩的手臂断了，看着手臂越飘越远，我为可怜的猩猩捏了一把汗。猩猩微微站起身来，它的整个身子慢慢变瘦，身后有一只小猩猩

正张大嘴巴哭喊着……

猩猩的影子虽然慢慢淡化，但云朵的变幻仍然让我目不暇接，一幕幕精彩的画面呈现在眼前：有凶猛的老虎追逐小羊，有雄狮抬头怒吼，有尖嘴的野猪正在跟小鸭子聊天，还有萌得让人融化的拉布拉多犬抬起前腿并吐着舌头。

再把目光移到刚才的那片天空，咦，齐天大圣孙悟空正惬意地倚靠在悬崖峭壁上，双目炯炯有神，向远处眺望！难道刚才那只巨大的猩猩是孙悟空变的吗？我心想。

多么神奇的一部电影！虽然从头到尾都是慢动作，但我看得惊心动魄。

点评

这是一场全球最神奇的免费电影，宇宙级视野！

33. 游平湖秋月之技术帖

杭州市翠苑第一小学翠苑校区　黄显懿

平湖秋月位于白堤西端，背倚孤山，面临外湖，是杭州西湖十景之一，有“一色湖光万顷秋”的美誉，是秋天欣赏美景的好去处。游平湖秋月少不了赏月，技术就这么来的！

如果在农历初七、初八的时候去，因为是上弦月，月面朝西，弯弯的月亮成了一个反写的“C”。上弦月出现在傍晚至半夜，所以吃过晚饭就可以去平湖秋月赏月了。此时，月儿已悬挂在西边的天空，苏堤成了绝佳的背景。北宋著名文学家苏东坡率领百姓修筑的苏堤，之于白堤要来得更壮美恢宏。“起舞弄清影，何似在人间”，你将欣赏到充溢着东坡式诗情的平湖秋月！

农历十五、十六的时候，正好是大玉盘似的满月，不由让我想起李白的《古朗月行》："小时不识月，呼作白玉盘。又疑瑶台镜，飞在青云端。"洁白的月亮明晃晃地倒映在清澈的湖水里。如果有兴致，可以泛舟"月"上，体验奇幻之感。不过，你可千万不要"猴子捞月"啊，太危险了！听说，李白就是这样永远地成了诗仙的！月夜的平湖秋月是神秘且带点神仙气质的！

如果在农历廿二、廿三的时候去，因为是下弦月，月面朝东，弯弯的月亮成了一个正写的"C"。下弦月出现在东边的天空，你欣赏到的月色背景是平湖秋月东边的断桥。断桥不断，苏小小的故事、油纸伞的韵味都在皎洁的月光中氤氲。"水面初平云脚低""浅草才能没马蹄"，这个时候的平湖秋月充满了文艺范儿。下弦月出现在半夜至黎明，所以吃过夜宵再去欣赏吧，否则等到明月当空，你就要饿肚子了哦！

怎么样？游平湖秋月是有技术的吧！最后，你可千万不要在农历初一的时候去赏月。因为农历初一的时候，月亮刚好背对着太阳，对着地球的一面是黑暗的，那时是看不到月亮的。

点评

如果不是平湖秋月资深拥趸者，怎么会写出如此深度的游览指导文章？本文将赏月的各种美景尽收文中，切入角度很有新意。

34. 野果之旅

杭州绿城育华亲亲学校　蔡语薇

我们要爬的山叫“石牛头”，有时大家也叫它“牛背山”。

这座“石牛头”可不像老爸说的那样是一座“小山”，它其实是座非常陡峭的山，经常有驴友来这里探险，所以，对于我和老妈来说，爬“石牛头”并非易事。每次遇到大石头时，我只能手脚并用，甚至还要老爸推着我，才能爬上石头继续前进。爬了一半，我们骑虎难下，只能一路向前。老妈一直在叫：“上贼船了，上贼船了！”

我们看见了几棵板栗树。“这个好像可以吃的！”老爸说着，拿起一根枯枝就开始打，好不容易打下两颗，结果这两颗板栗沿着山坡骨碌碌滚走了，我们只好继续赶路。

不一会儿，老爸又说了一声：“这个好像可以吃的！咦，这个真的可以吃，我小时候吃过的。”“你确定吗？”我和老妈接连发出了疑问。接着就看见老爸摘下一个扁圆形的小果子。这个果子是橙红色的，果皮上有一层毛。老爸先把毛毛刮掉，再把皮剥开，只见里面排列着一小圈整整齐齐的小籽儿，像一圈小子弹。果肉是褐色的，有点像柿饼的颜色。老爸毫不犹豫地啃了一口，满足地说：“嗯，还是小时候的味道，你们俩尝尝，不要吃种子。”

老妈吃了一口说：“嗯，有点平时吃话梅的感觉，酸酸甜甜的。”于是我也摘了一颗，照着爸爸的样子刮掉毛毛，刚想吃，突然钻出来一条虫子，吓得我马上把果子扔了……

接下来的路途，依旧是惊险连连，但我们都一一克服了。

这时老爸又发现了一种美食——有点像橄榄的黄色果子，外面还有刺。老爸说：“这皮是可以吃的，但里面的种子是不能吃的。不过现在还没有完全成熟，要等到霜降后才会变红、变甜，所以我们就先放过它们了。”

虽然山路惊险，但有美食相伴。在老爸的引导下，在老妈的尖叫声中，我尝到了很多从未吃过的小野果，有酸的，有甜的，甚至还有苦的。怎么样?下次和我一起来探险吧，还有更多的野趣等着我们哦!

点评

老成持重的爸爸上山后表现出对大自然充满好奇的孩童模样，让读者也一同感受到了清新的野趣。

35.“走”进茶卡盐湖

杭州市学军小学　贾殷皓

你“走”进过湖水里吗？应该没有吧！——水深危险。但有一个地方例外，那就是美丽的茶卡盐湖。

茶卡盐湖地处青藏高原，位于青海省海西蒙古族藏族自治州境内。一大早，我和妈妈、外婆坐上了火车，开始了茶卡盐湖之旅。一路上，我看到寸草不生的戈壁滩，看到绿草如茵的大草原，还看到如蓝宝石般耀眼的青海湖和连绵不断的高山……

非常幸运的是，由于浙江省曾对口援建青海省海西蒙古族藏族自治州，所以茶卡盐湖对我们浙江人永久免费。带着满满的自豪感，激动又急切的我们登上了景区列车，茶卡盐湖慢慢地展现在了我的眼前——

景区很大，有盐雕广场，有一眼看不到边的水面，还有多得数不清的游人。下了火车，我们已经在茶卡盐湖深处了，脚下的路都是用盐铺成的，四周的白色非常刺眼。我兴奋地穿好鞋套，戴好太阳镜，拉着妈妈慢慢地走向水面。这是我第一次“走”进湖水，我抬起脚沾了沾水，小心翼翼地踩下去。水很浅，水边和水下都是白花花的盐。妈妈说很安全，于是我松开妈妈的手，试着一个人向前走。哇，好松软啊，就像海边的沙子一样！这就是我们吃的盐吗？为什么

不会化在水里呢？我边走边想。水下的盐可千万不要化呀，我可不想掉进盐洞里啊。

周围白茫茫的像雪一样。往远处看，蓝蓝的天空和大朵大朵的白云倒映在湖面上，水面就好像天空的镜子，所以茶卡盐湖有“天空之镜”的美称。周围响起“咔嚓咔嚓”的声音，游客们纷纷举起相机，一边说“太美了”，一边按下快门记录下这不寻常的美景。

突然，我发现这里不但有盐，还有一种白色的石头，乳白色带有浅褐色的纹路。妈妈说这叫羊脑石，因为它的样子就像羊的大脑。尽管这个石头很别致，名字也这么形象，但我可不想去研究真的羊脑是什么样子的，太吓人了！禁不住好奇，我还是捡了几块羊脑石塞进了口袋。

妈妈说高原上的盐湖来自地壳运动。很久很久以前，青藏高原还是汪洋大海，地壳挤压使海洋变成了内陆湖，还形成了很多的咸水湖，茶卡盐湖只是其中之一。据说茶卡盐湖里的盐可以供全国人民吃 100 多年呢，真是一座巨大的宝库啊！

如果你曾到过杭州西湖，你会发现杭州西湖是淡水湖，湖里有各种各样的鱼，湖边一株杨柳一株桃，是可以慢慢欣赏的美；而茶卡盐湖是咸水湖，湖里没有鱼，周围也看不到一棵树，但天空与湖面浑然一体，是让人震撼的美。

如果你也喜欢茶卡盐湖，一定要亲自去看看哦！

点评

本文既描述了茶卡盐湖的风景，又介绍了盐湖成因，结尾还拿杭州西湖作对比，充分体现了茶卡盐湖不一样的美。

36. 故宫游记

杭州市学军小学　刘兆霖

这个暑假，我和爸爸去北京游览了故宫。

我们先去了太和门广场。广场上有很多铜瓮，最大的一个能装下十个我呢！没有把手的铜瓮大部分是清代的，有把手的铜瓮都是明代的。在古代，这些铜瓮里面都盛满了水，是用来灭火的，到了冬天，为防止水结冰，人们给它们套上棉套，并在瓮底下用木炭火进行加热。现在故宫有了现代化的消防设备，这些铜瓮就成了摆设。

除此之外，我们还看到了太和殿前的日晷。日晷是古代人民利用太阳光的阴影标识时间的一种器具，后来成了一种礼器和装饰品，现在就成了文物啦。

前往武英殿的路上，我们看见了十八棵巨大的槐树，大约有 5 层楼高(约 15 米)。它们是明代种植的树木，距今已经六百多年了。武英殿正在展出清代山水画家“四王”的画作，他们的画很有诗意，我最喜欢的是《溪亭山色图》，真的太好看了！

我们继续前进，来到了午门。在午门城楼上，我们看到了故宫的全景，有武英殿、太和殿、太和门、钟表馆、珍宝馆等等，让我眼花缭乱，太壮观了！在故宫的东南角有一个高高的角楼，角楼里播放的视频让我们看到了古代工匠巧夺天工的手工技艺。

我们还去了东华门，在城楼里，看到了“样式雷”的烫样。之前我在《我们爱科学》杂志上，就已经了解到圆明园、故宫、颐和园这些耳熟能详的建筑烫样都出自样式雷家族之手。样式雷家族每建造一幢建筑，都会做一个烫样，这些烫样就像现在 DIY 艺术屋一样，由一个个小零件组成。这些建筑烫样的房门可以拉开，屋顶也能掀开，甚至连桌子上与茶具配套的茶偶都栩栩如生。后来，样式雷家族逐渐衰落，不得不变卖烫样、图纸等维持生活。

除此之外，我们还去了钟表馆、珍宝馆、神武门、御花园、军机处……

这次游玩故宫，我既开阔了眼界，又增长了见识。

点评

小作者着重介绍了故宫里的珍贵文物，与介绍故宫布局或建筑特色相比，显得更有新意。

37. 旧金山九曲花街

杭州市星洲小学　李雨泽

如果你要去美国旧金山游玩，有一个地方必须去，那就是“九曲花街”。也许你不知道它为什么名扬四海，就让我带你去看个究竟吧！

“九曲花街”，顾名思义是由许多弯道组成的一条街道。这是 19 世纪 20 年代时，当地为了解决繁忙的交通问题而建的。因为这个地方的地势陡峭，有近 40 度的斜坡，且弯曲得像“Z”字形，所以车子只能往下单行。站在花街最高处向下望去，五颜六色的车子首尾相接，好似一条七彩长龙蜿蜒前行。

既然是花街，怎么能少了“花”这个主角呢？我们去游览花街的时候，天气并不暖和，但花坛中开满了缤纷的绣球、鲜艳的玫瑰和芬芳的菊花，把

整条街点缀得花团锦簇。道路两旁大大小小、高高矮矮的小屋门前都种满了花草。我想，每天踏着鲜花陪伴的道路出门或者回家，那感觉一定很好吧！

因为被道路两边的景色所吸引，我们索性下了车，沿路边的台阶逐级而下。突然，我被一朵硕大的绣球花给吸引住了。正要走近看，一阵风吹来，再加上太阳光的照射，绣球花仿佛镀上了一层七彩光，一闪一闪的，好看极了。当我抬起头，发现周围开满了颜色各不相同的花，我忍不住摸摸这朵，闻闻那朵，陶醉在一片花的海洋中。

当夜幕降临，你可能会认不出九曲花街了，因为它完全变了样。万家灯火把整条街装扮得非常耀眼，要是你不仔细看，可能会以为是亮闪闪的“金块”撒了一路。

大名鼎鼎的九曲花街，就是凭借着独特的地理位置和独具匠心的设计，成为了旧金山的“心脏”。怎么样，听完我的介绍，你是不是也想去玩一玩呢？

点评

繁花把九曲花街打扮得好生华丽，读完好想去逛一逛。尤其站在花街最高处远眺风景，街曲景换，一曲一景，九曲九景，一定会有不知身在何处的魔幻感吧？

38. 秦始皇兵马俑之旅

杭州市和睦小学　汤宸

作为世界第八大奇迹，秦始皇兵马俑可谓家喻户晓，人人皆知。西安之旅的第三天，我们终于来到了秦始皇兵马俑博物馆。秦始皇兵马俑博物馆分为铜车马展厅和三个兵马俑坑。

我们先去了铜车马展厅，据说全世界最贵的马车就在这儿了。我一看那马车，惊呼："哇，这得花多少钱哪！"只见四匹马和身后的马车，全部用纯金打造，就连缰绳也是用黄金和白银拼接而成。四匹马的总重量超过 1 吨，由此可见当时的秦国国力是多么的强盛。

接下来我们去了三个兵马俑坑。1 号兵马俑坑面积最大，我从上面扶着栏杆俯瞰下去，顿时感到无比的震撼：成千上万真人大小的陶俑，身高都在 1 米 7 以上，个个雄姿英发，神情严肃，整个军阵士气高昂，雄伟庞大。这些人俑都身披战甲，眼睛怒视前方，似乎随时可以冲出去杀敌一般。每个人俑都是精品中的精品，个个都凝聚了当时工匠们的心血和智慧。

关于这些人俑的制作，我听导游讲解时说，当时秦国的工匠都要在作品中刻上自己的名字，作品完成后如果哪些地方做得不好，就要受到相应的惩罚。比如兵马俑的眼睛做得不好，那么制作这个兵马俑的工匠将会被挖掉眼睛。由此可见当时君王的残暴。

2 号兵马俑坑有很多区域还未挖掘，这是因为兵马俑在地下埋藏时间非常长，如果挖掘出来接触到空气，它们表面原本鲜艳亮丽的色彩就会氧化。所以，考古队要等考古技术再好一些才会来挖掘更多的区域。开心的是，在 2 号兵马俑坑，我们看到了最为著名的跪射俑。

3 号兵马俑坑规模最小，这里不是军阵，而是战时的指挥部，所以只出土了一些将军俑和战车俑。

一个铜车马展厅和三个兵马俑坑，都非常雄伟壮观，但这仅是整个秦始皇陵墓的冰山一角。也许就在已挖掘的兵马俑坑的下面，还有许许多多新的兵马俑呢，让我们继续期待吧！

点评

像秦始皇兵马俑这么宏大的场面，小作者都能运筹帷幄，从容道来，可见写作功力不浅。

39. 美丽的狮子林

杭州市和睦小学　李承栎

狮子林是苏州四大园林之一，它既是江南园林建筑的代表，又是孩子们童年玩耍的乐园。

当我们走进狮子林古朴雅致的大宅门后，呈现在眼前的是一个明澈透亮的方形大天井，这使我想到假如在晴朗的夜晚，待在这个天井里，抬头看星星，那应该会是一种多么美好的体验啊！让人惊艳的是，天井里种着各种盆栽梅花，有的傲世挺拔，有的无比自信清高，特别容易让人沉醉。好看的不仅是粉色、白色、黄色的花苞，还有它在寒风中纤细却不羸弱的高傲身姿。

穿过天井，我们来到了儒雅文艺的大厅——贝家祠堂。即刻映入眼帘的是悬挂在正面墙高处的由著名书法家顾廷龙老先生写的匾：云林逸韵。这四个字是赞扬狮子林的设计者之一：倪云林，他的设计具有虚静清逸的韵味。匾的下方挂着一幅巨大的体现苏州特色的水墨画，两旁摆放着盛开的水仙花和梅花盆栽。大厅正中间是圆形的大理石桌子和宽大的座椅，上面雕刻着精美的花纹。

出了大厅就是假山园林，视觉一下子开阔了起来。湖中间有一个造型别致的小亭子，可供游人暂歇。园林内那怪石嶙峋的假山层层叠叠，简直就是一座曲折迷离的大迷宫，只有亲自去走一走，才能深有体会。我是一个好动的男孩，自然要体验一下在假山内爬上爬下的妙趣。这座假山迷宫的规模实在太大了，我绕了好几圈都没走出来，太奇妙了！

玩累了，我们歇坐在长廊里，长廊环绕着一汪湖水，另一侧则是清新淡雅的竹林，微风扫过，竹叶间发出有节奏的鸣响。我们欣赏着绿竹、灰石，和黑瓦上滴滴坠落的小水珠……瞬间，让人沉醉，让人忘记烦恼。

点评

苏州园林有一种阴柔美，小作者笔下“爬假山”的情节使园林额外增添了动感和童趣。

40. 牵牛花三部曲

杭州市学军小学　杨逸可

西安的姨妈家里种了许多植物，我最喜欢窗外的牵牛花。

牵牛花的茎是暗红色的，一片片嫩绿的叶子直接从暗红色的茎上长出来，没有一丁点儿渐变色，让人看着有些突兀。不过没关系，绿的绿，红的红，都有着鲜活的生命。牵牛花的叶子是由三片小叶构成的，形成一个“品”字形，每片小叶都像是一个毛笔头，它们想书写什么呢？

叶片在阳光的照射下，在灰色的墙壁上投下一片片阴影。几朵小花苞和几只小蚂蚁在阴影内乘凉。新的叶片在不断地生长出来，这些新叶片不久也会老去，但很快就会有更多更新的叶片长出来，它们只干两件事：一是打造一片绿色，让花朵更引人注目；二是给花朵提供养分。

叶片是沉默的，无私供养着花儿，心甘情愿让花儿出风头，让花儿引人注目。这，不正是叶片存在的意义吗？它不起眼，却不可缺少。

回想起来，我的父母是否也是这样把我养大?

太阳出来了，一束束金色的阳光照在牵牛花的花苞上。在没有百花争艳的秋天，那几朵盛开的牵牛花显得那么引人注目。花是紫红色的，像是一只只小巧精致的喇叭。

它们为什么要把自己变成小喇叭呢?

风依然呼呼地吹着，吹得我不得不穿上厚实的外衣。窗外的牵牛花并没有外衣可穿，但它依旧在风中绽放得那么鲜艳。我想它是为了和风比声音，才把自己变成小喇叭的吧?

牵牛花看到太阳已经升起，但人们还没有起床，怕他们上班、上学迟到，想把他们叫醒，所以举起小喇叭喊呀喊。可惜人们并没有听见它的呼喊。这，不是牵牛花的错，是因为人们总是活在自己的世界里，没有注意到角落里的牵牛花正在为他们努力着。

看着牵牛花，我想要找牵牛花的种子。

牵牛花的果实是金黄色的，差不多有一个指甲盖那么大。我随手摘下一颗果实放在手里把玩。果实看起来脆脆的，我把它使劲一搓，那层金黄色的脆皮就掉了，里面滚出两粒黑色的小煤球，这是牵牛花的种子!

我把牵牛花的种子放在书桌上端详。两颗种子其貌不扬，看起来像一颗颗“老鼠屎”。我一定要把这两颗种子带回杭州，种出自己的牵牛花来。

|点评

本文由叶的奉献联想到父母对自己的养育，由牵牛花的喇叭花形展开的想象也颇有新意，从而使文章跳脱出平实普通的旧框框。

41. 与火山亲密接触

杭州师范大学第一附属小学　邵家祺

去年国庆假期，我去了希腊的圣托里尼岛。这里地处爱琴海，湛蓝的海水，洁白的屋子，蓝顶的教堂，风景迷人。

圣托里尼岛有一座著名的活火山——卡美尼火山，曾经发生过许多次火山爆发。约 3500 年前一次毁灭性的火山大爆发，使原来圆形的圣托里尼岛大部分沉入了海底，形成了现在月牙形的锡拉主岛，以及隔海相望的锡拉夏岛和卡美尼火山岛。

这次火山之旅，我们从锡拉岛出发，在费拉镇的老港乘坐游船，大约十分钟后抵达了卡美尼火山岛。上岛之前，我看过关于卡美尼火山岛的资料，知道岛上环境非常恶劣，没有任何植被，所有土地都暴露在炎炎烈日之下。但真正踏上卡美尼火山岛时，我还是被眼前的乱石嶙峋和寸草不生给惊到了。

我们沿着尖利的碎石子路，慢慢走向火山顶，终于看到了巨大的火山坑。

火山坑有二三十米深，坑里堆积着大大小小的岩石块，这是几千年前卡美尼火山喷发的见证。可以看到，火山坑里有一些大石块还在冒着“热气”，靠近时能闻到一股浓浓的硫黄味儿，那是火山下岩浆涌动散发出来的气体味道。路边有一些小石坑，用手触摸，还能感觉到石坑里的热气。这里果然是一座活火山啊。

在岛上每走一步路，都令我提心吊胆，这座沉睡了几千年的活火山随时都可能再次爆发。在大自然面前，人类如此渺小，每时每刻都面临被大自然吞没的危险。

这次火山之旅，是神秘而奇特的体验。英国哲学家培根说：“对青年人来说，旅行是教育的一部分。”每一次旅行，不仅让我惊叹和着迷，更让我感悟到了大自然的真谛，使我更热爱生活，更热爱生命！

点评

与活火山零距离接触是不可多得的人生体验，这需要勇气和强烈的猎奇之心。从小作者的感悟可以看出这趟火山之旅非常值得。

42. 童　年

杭州市景华小学　彭佳莉

岁月的浪潮一次次冲刷着记忆的沙滩，我漫步在沙滩上，想起脑海里珍藏着的过往影像……

我仍然记得那个阳光明媚的春天。“噢，太好啦！可以去玩喽！”一个急转弯，不好，要撞到人了。我赶紧急刹车，还是跟一个男孩撞到了一起。

“你还好吗？”我关切地问。我仔细地打量着眼前这个男孩，一身有点发白的校服，个子还没我高，短短的头发，一脸茫然地揉着刚才被我撞到的额头。“我没事，没撞伤你吧？”他不好意思地笑了笑，“我们去烤红薯吧。”

他拉着我一路跑到小河边，我们用四块砖头垒起一个灶，虽然歪歪扭扭的，但感觉完成了一件惊天动地的大事。他找了许多稻草和树枝填在灶里，我从外婆家拿来两个大红薯。火点着后，不一会儿，空气中就弥漫着一股红薯的香甜气息。我刚想把红薯从火中掏出来，他喊道：“小心烫，还没熟呢，还得再焖一会儿。”他懂的比我多，我心里暗暗佩服。

终于烤好了！我们迫不及待地把红薯从灰里掏出来，啊，好烫啊！黑乎乎的红薯从左手跳到右手，我们一边吹气一边哈哈地笑着。终于不烫了，剥开烧焦的红薯皮，哇，真香啊！我们大口啃着红薯，互相看了一眼，不禁笑得前仰后合，原来我们脸上都已经黑乎乎的一片了。那是我吃过的最香的红薯了。

我最喜欢小区公园角落里的那个树藤秋千了。秋千隐藏在树丛之中，顶上垂下几根墨绿的藤蔓，刚长出的叶子嫩嫩的，黄黄的，微风一吹，仿佛在和我打着招呼。温暖的阳光透过藤蔓照在秋千上，美极了。一放学，我就跑向树藤秋千。尤其是炎炎夏日，在树荫底下一边荡秋千，一边吃冰激凌，真惬意啊！

我小心翼翼地把这两段记忆藏在心中，防止它们被岁月的潮水冲走。

点评

本文两段童年回忆非常有画面感，如同罩着朦胧的光环，治愈人心。

43. 生生不息的中心花园

杭州市卖鱼桥小学文澜校区　郭语萱

我曾漫步在夜樱林立的田野小路，曾欣赏过万顷绿绸的杭州西湖，也曾浏览过如诗如画的苏州园林，却依然最爱校园里那座小巧玲珑的中心花园。

从食堂出来，一排排银杏树像金色的项链系在中心花园宽阔的“胸脯”上。沿着鹅卵石铺成的小路走，立刻就有了“曲径通幽处，禅房花木深”的感觉。首先映入眼帘的是右手边的梅花树，若在冬天的雨后，你会看到梅花瓣上滚动着一颗颗晶莹剔透的小水珠。

花园的中心是一汪小池，小池的水真静啊，静得让你感觉不到它在流动；小池的水真清啊，清得可以看见池底的沙石；小池的水真绿啊，绿得像一块无瑕的翡翠。鱼群闪闪的粼光映着池水清流，给寂静的花园增添了无限生机。

花园的北面，最引人注目的要数那棵高大的桂花树了。金秋时节，朵朵桂花像金蝴蝶翩翩起舞，轻轻地降落在小路上，在阳光的照耀下，地上好像铺了一层闪烁的金纱。

在花园的西面可以欣赏到风摇翠竹的美景。再往里走，一座白色的凉亭带我们进入鲜果飘香的世界，凉亭上缠满了茂密的葡萄藤。夏天，是葡萄成熟的季节，一串串葡萄好像碧绿的玛瑙，馋得我直流口水。

花园的南面是三根高耸入云的旗杆，旗杆上校旗迎风招展，在蓝天白云的衬托下显得色彩明丽，很有气势。在旗杆的前面是一尊立方体石雕，上面刻着“人之初，性本善；性相近，习相远；苟不教，性乃迁”。这些简短的字句无时无刻不在教导着我们。

初春的各色野花，盛夏的翠竹和葡萄，金秋的银杏和桂子，隆冬的蜡梅，编织成了一幅四季变换的画卷。这生生不息的中心花园，叫人怎能不爱它?

点评

多么寻常的校园一角啊，在小作者的笔下，却灼灼发光，犹如仙境，真是“妙笔生花”。

科幻小说篇

44.“天宫二号”看世界

杭州市省府路小学 万朝文

此时，我耸立在酒泉卫星发射中心的发射台上，望着一望无际的荒漠，想起了这两年与科学家们朝夕相处的日子。

2014年9月，科学家们就开始研发我了，给我取名“天宫二号”，要让我成为中国自主研发的空间实验室。我每天看着科学家们辛勤劳动，发现他们极其认真严肃，一丝不苟，连一颗螺丝钉都要检查十几遍。我芯片里的程序被修改了上百次，细心的科学家们进行各种边缘和极端情况测试，确保我能按照计划正常运行。荒漠环境恶劣，但我听说科学家们已经在这里扎根几十年了。

一年、两年，我终于可以正式工作了！当人们为我贴上国旗的那一刻，我骄傲极了，我也能为祖国贡献力量了！

“天宫二号，准备发射！”广播里响起指挥信号。我回过神来，在接收到“发射”信号的瞬间，我“嗖”的飞起，紧张得全身颤抖，但我义无反顾地冲向太空。不一会儿，我进入绕地飞行轨道，全身热乎乎的。

我在这里安了家，每天深情注视着地球母亲。湛蓝的海洋美得像一块蓝宝石，科学家们对它了解得还很少。看，一条深深的海沟！我瞪大摄像眼，发现海沟深处有岩浆在涌动，周围围着好多奇异的小生物。我继续飞行，眼前灯火通明，有人在工作，有人在学习，有人在分享一天的开心事，每个人都在为美好的生活努力。

回头看看宇宙，我加大望远镜倍率，看到了一团星云。它快速旋转着，慢慢地缩小。我猜，它很快就要成为一颗恒星了。呵，太阳又要多一个兄弟啦！

监控中心传来信号："神舟十一号"即将对接。我检查了一遍对接口，又赶紧摆好姿势，迎接新伙伴的到来。

这就是我——"天宫二号"看到的世界。它越来越被智慧的人类了解，而人类也在勤奋、努力地把它建设得越来越美！

点评

用"天宫二号"的视角，介绍了科学家们的科研工作和观察到的宇宙现象，使读者对空间实验室有了初步的认识。

45. 千年古莲穿越记

杭州市富阳区富春第七小学　王栋

我是一朵白莲花的儿子，出生在山东济宁府。因为一场战争，刚刚成熟的我被深埋在了地下。

这里没有阳光，温度越来越低，冻得我瑟瑟发抖，还好大地妈妈给我盖上了厚厚的大棉被。我身上的水分一点一点减少，棉被也越来越硬，最后干得像木头一样。肚子好饿！幸亏我身上带着淀粉，节约着吃，够我吃上一阵子。日子一天天过去，空气也越来越稀薄，好在我大部分时间都在呼呼大睡，而且我睡觉时几乎不需要空气。

也不知道睡了多久，我感觉逐渐暖和起来了，盖在身上的被子也湿润了。从被子上渗出来的小水珠一滴又一滴地落在我身上，我张开小嘴贪婪地一口又一口吸食着，肚子越来越鼓，身体也变得强壮起来。我用力地把被子踢开了一个小口子，大大地伸了一个懒腰，一道刺眼的阳光射在我身上。我闭着眼睛，美美地享受这久违的阳光。

这时，一阵喧闹的人声传进了我的耳朵里。我用双手扒开被子，悄悄地把头探了出去，一看，许多人围在我的身边，不停地对我指指点点。我刚想把头缩回去，就听到一个小朋友大声说：“快看，莲子复活啦！”

所有人的目光都集中在我身上。我又探出头仔细看了看，人们的服装好奇怪，各式各样，五颜六色，漂亮极了！我诧异地问：“这是在哪里呀？”

大家异口同声地说：“这里是杭州西湖！”

我吓了一跳，低声说：“我只是睡了一觉，怎么一下从山东穿越到杭州来啦？”

大家哈哈笑着说：“你这一觉已经睡了一千多年了，现在已经是 21 世纪了！是考古学家把你带回杭州唤醒的！”

点评

沉睡千年的种子在适宜的条件下居然还会发芽，延续生命，真是奇迹啊！

46. 阿奇霉素药片的旅程

杭州市学军小学　杨逸可

大家好！我是阿奇霉素药片，性格活泼开朗，特别擅长与病菌打仗。我有 5 个兄弟，我们一出生就被装在一个药盒里，现在，我和兄弟们静静地躺在杭州市儿童医院的药架上。

看那儿，一位护士正向我们走来，口中还喃喃自语："五床，阿奇霉素……五床不是都十多天了吗？还没好转？"我看看周边，呀，我们可是最上面那盒。"兄弟们，这次拿的是我们，我们要去五床。"我对兄弟们说。我旁边的兄弟把眼睛睁得如鸡蛋那么大："听说五床是整个病区肺部感染面积最大的……"没等他说完，我们就被护士从药架上拿了下来。

很快我们就来到了五床，这里的小病人是一个十来岁的小姑娘，长得漂亮极了，虽然生着病，但她脸上笑盈盈的。想到这么漂亮可爱的小姑娘得了严重的肺炎，我从心底里同情她。小姑娘吃过中餐，就把我用水冲下了肚。

我顺着食管进到胃，一切都很顺利。但有一点我不明白：有许多小细胞看到我后指指点点，有些竟没有拿正眼看我，我可是来救他们的啊！想到这里，我不禁有些生气，但一想到小姑娘可爱的笑容，我的气又全消了。还是快点帮她治病吧，我想。

在一番联系之后，我终于搭乘巨噬细胞到了肺里。进入炎症区，眼前的景象让我大吃一惊。战场上的白细胞战士死伤无数，还在作战的都一副筋疲力尽、愁眉苦脸的样子。看来这场战争还没那么容易结束。

我抖擞精神，冲入战场，左冲右突，瞬间就杀死了不少病菌。白细胞战士们看到我如此勇猛，也振作起来，大家都英勇地冲锋陷阵，病菌被我们的气势吓倒了，节节败退。一番厮杀之后，我们赢了这次战斗。大家雀跃欢呼，我们也暂时得到了休整的机会。我正想闭目养神，一个白细胞战士走到我的身边，和我聊起天来。

“你知道吗？”他疲惫地说，“以前呀，我们的小主人还小，什么都吃，我们都被养得很强壮，无论什么病毒，不出三日就能被我们全部赶跑。可现在呀，小主人特别挑食，吃得还很少，大家身体都不好了。你看，这次病菌入侵，这场仗打了十多天还没结束，兄弟们死伤无数！唉，真希望小主人能像以前一样好好吃饭，多锻炼身体，这样我们才能恢复往日的威风呀。”白细胞战士说着就流下眼泪。

我安慰了他好一阵子，想到自己还有疑惑没有解开，问道：“我在来的路上，很多细胞对我很不友好，这是怎么回事呢？”

白细胞战士笑着说：“哦，您别介意呀。要知道，你们很多兄弟已经来过，一开始大家都以为你们是天兵天将下凡。可是这么多天过去，大家发现你们的战斗力也不过如此，还给肠胃带来了不少副作用……”

我一时无语，原以为我们家族是天下无敌的呢！

那天晚上，我怎么也睡不着，想想小姑娘漂亮可爱的笑容，再想想战场上白细胞战士们大片大片倒下的身影，我感慨万千。既然睡不着，我干脆去了小姑娘的大脑总部，在小姑娘的梦中，我对她说："你如果再挑食，不运动，小命就没啦！抵抗各种病毒，关键靠你自己！祝你健健康康，每天都开心地笑。对了，还要记得多喝水哦！"

点评

从药片的角度介绍人体自身抵抗力和药片共同对抗病毒的过程，生动形象，如同观看了一部卡通片。

47.《总也倒不了的老屋》续写

杭州市育才京杭小学　王雪妍

时间一天天地过去了，小蜘蛛的故事也讲完了。

老屋说："再见！好了，到了我倒下的时候了！"

"等等，老屋！"一个粗粗的声音在老屋门前响起，"再过一个冬天行吗？我的家被别人占了，我找不到一个安心睡觉的地方。"老屋把眼睛使劲往前凑，墙壁吱吱呀呀地响："哦，是熊小弟啊！好吧，我就再站一个冬天吧！"

第二年春天，熊小弟走了出来，打了一个哈欠对老屋说："谢谢！""不用谢，再见！好了，到了我倒下的时候了！"

“等等，老屋，先别倒下。”老屋觉得这声音很耳熟，于是低头一看，可把他吓了一大跳——原来小蜘蛛带领着一大帮小伙伴过来了。老屋惊恐地说：“你……这……是要干……什么……？”

小蜘蛛微笑着对老屋说：“老屋，我们来给您讲故事啦！”这可把老屋高兴坏了，因为老屋可喜欢听故事啦！

小蜘蛛一个个上场，有童话故事，有爱心故事，真是五花八门。老屋听得入了迷。

精彩的故事讲完了，小蜘蛛们告别老屋回家了，老屋又开始念叨口头禅：“好了，到了我……”

老屋还没有说完，就住了口，因为来了一个人，那人自言自语地说：“这屋子太旧了，我得把它修一下，还有很大的价值呢。”说完他拿出锯子、铁锤等工具开始工作。

“叮叮咚咚，叮叮咚咚”的一阵敲敲打打后，一百多岁的老屋焕然一新，变成了可爱的森林小屋。森林小屋开心极了，喊来了小蜘蛛、熊小弟等好多小伙伴一起庆祝新生！

现在，如果你找到那座森林小屋，说不定还可以看到森林小屋在笑呢！

点评

正是关怀和陪伴支撑着老屋，使它该倒却总也没倒下。可见，这世上最珍贵的是“爱”啊！